A (DES)IGUALDADE DE ARMAS NAS PROVIDÊNCIAS CAUTELARES SEM AUDIÊNCIA DO REQUERIDO

TIAGO FÉLIX DA COSTA

A (DES)IGUALDADE DE ARMAS NAS PROVIDÊNCIAS CAUTELARES SEM AUDIÊNCIA DO REQUERIDO

A (DES)IGUALDADE DE ARMAS NAS PROVIDÊNCIAS
CAUTELARES SEM AUDIÊNCIA DO REQUERIDO

AUTOR

TIAGO FÉLIX DA COSTA

EDITOR

EDIÇÕES ALMEDINA, S.A.
Rua Fernandes Tomás, n.ºˢ 76, 78, 80
3000-167 Coimbra
Tel.: 239 851 904 · Fax: 239 851 901
www.almedina.net · editora@almedina.net

PRÉ-IMPRESSÃO | IMPRESSÃO | ACABAMENTO

G.C. GRÁFICA DE COIMBRA, LDA.
Palheira – Assafarge
3001-453 Coimbra
producao@graficadecoimbra.pt

Fevereiro, 2012

DEPÓSITO LEGAL

339666/12

Os dados e as opiniões inseridos na presente publicação
são da exclusiva responsabilidade do(s) seu(s) autor(es).

Toda a reprodução desta obra, por fotocópia ou outro qualquer
processo, sem prévia autorização escrita do Editor, é ilícita
e passível de procedimento judicial contra o infractor.

Biblioteca Nacional de Portugal – Catalogação na Publicação

COSTA, Tiago Félix da

A (des)igualdade de armas nas providências
cautelares sem audiência do requerido
ISBN 978-972-40-4096-7

CDU 347

NOTA DO AUTOR

O trabalho que agora se publica corresponde, com ligeiras correcções, à dissertação apresentada, em Abril de 2009, no Mestrado Forense da Universidade Católica Portuguesa. Decorridos mais de dois anos, a questão fundamental a que se procurou responder nessa dissertação — e que mais não foi do que o pretexto para um contributo, ainda que modesto, para o estudo de alguns dos princípios estruturantes do Processo Civil — mantém toda a sua pertinência.

Aliás, cremos que, se algumas das soluções alcançadas mantêm toda a sua ousadia, mantêm, de igual modo, toda a sua *carga argumentativa*.

Interessava, e interessa sempre, questionar. Mesmo quando se questionam interpretações jurídicas consolidadas ou práticas judiciárias há muito adquiridas. No fundo, é essa inquietação que se partilha através da publicação deste trabalho.

Resta, por isso, agradecer. Agradecer à Exma. Senhora Conselheira Dra. Maria dos Prazeres Beleza, pela imensa disponibilidade e, sobretudo, pela sua efectiva orientação na realização do mesmo, ao Exmo. Senhor Dr. Armindo Ribeiro Mendes, pela exigência com que arguiu as suas provas públicas e, por último, à Exma. Senhora Professora Dr.a Maria da Graça Trigo pela reiterada paciência e apoio no regresso à Academia.

Lisboa, Junho de 2011.

Aos meus Mestres,
Luís Pedro, José Abel, João e Rui Filipe.

ÍNDICE

NOTA DO AUTOR 5

I. INTRODUÇÃO 15

II. A IGUALDADE DE ARMAS NUM *PROCESSO JUSTO* 19

    II.I. O *processo equitativo* do artigo 20.º, n.º 4, da CRP: a busca de um sentido 19

    II.II. Igualdade de armas *vs.* contraditório: esboço de uma evolução incindível 27

    II.III. Igualdade de armas: a exigência de uma *simetria triangular* 31

    II.IV. O art.º 3.º-A do CPC: afinal, que igualdade de armas? 42

III. A (DES)IGUALDADE DE ARMAS NOS PROCEDIMENTOS CAUTELARES SEM AUDIÊNCIA DO REQUERIDO 57

    III.I. Os efeitos da restrição fundamental 62

    III.II. O contraditório diferido como contraditório inexoravelmente defei-tuoso 65

    III.III. O *segundo round* como factor de imparidade 71

IV. O ENSAIAR DE SOLUÇÕES 75

    IV.I. Os remédios preventivos 77

    IV.II. Contributos para uma defesa efectiva do requerido 83

    IV.III. O *segundo round* e o direito do requerido a estar só em juízo 87

V. CONCLUSÕES 97

BIBLIOGRAFIA 99

ABREVIATURAS

ACSTJ	–	Acórdão do Supremo Tribunal de Justiça*
ACTC	–	Acórdão do Tribunal Constitucional
ACTRC	–	Acórdão do Tribunal da Relação de Coimbra
ACTRE	–	Acórdão do Tribunal da Relação de Évora
ACTRL	–	Acórdão do Tribunal da Relação de Lisboa
ACTRP	–	Acórdão do Tribunal da Relação do Porto
AAFDL	–	Associação Académica da Faculdade de Direito de Lisboa
BMJ	–	Boletim do Ministério da Justiça
CEDH	–	Convenção Europeia dos Direitos do Homem
CPC	–	Código de Processo Civil
CPP	–	Código de Processo Penal
CRP	–	Constituição da República Portuguesa
DAR	–	Diário da Assembleia da República
DL	–	Decreto-Lei
DR	–	Diário da República
EOA	–	Estatuto da Ordem dos Advogados
GG	–	Grundgesetz
GruR	–	Gewerblicher Rechtschutz
MDR	–	Monatsschrift für Deutsches Recht
NJW	–	Neue juristische Wochenschrift
PIDCP	–	Pacto Internacional dos Direitos Civis e Políticos da ONU
RDP	–	Rivista di Diritto Processuale
RTDP	–	Rivista Trimestrale di Diritto Processuale
ROA	–	Revista da Ordem dos Advogados
TC	–	Tribunal Constitucional
TEDH	–	Tribunal Europeu dos Direitos do Homem
UCE	–	Universidade Católica Editora
ZPO	–	Zivilprocessordnung

* Todos os acórdãos referidos no texto em relação aos quais não se indique local de publicação podem ser consultados em www.dgsi.pt, com excepção dos acórdãos do Tribunal Constitucional, que estão disponíveis em www.tribunalconstitucional.pt.

"I often wonder whether we do not rest our hopes too much upon constitutions, upon law and upon courts. These are false hopes, believe me, these are false hopes. Liberty lies in the hearts of men and women; when it dies there, no constitution, no law, no court can save it..."

BILLINGS LEARNED HAND

I.

INTRODUÇÃO

O estudo que agora apresentamos mais não é que um relato de uma pequena aventura. Uma efémera aventura no espírito, no pensamento, uma aventura no Direito forjado por insignes pensadores de aqui e de além. Uma jornada, portanto, não só pelos nossos caminhos, mas, sobretudo, pelos caminhos que outros percorreram e que, como muitas outras, partiu de um impulso: um impulso, uma dúvida, também metódica[1], e que, não olvidamos, tão a propósito neste tempo de Bolonha[2], surgiu da prática, do foro e, especialmente, do contacto com as pessoas e empresas que, pelas mais diversas razões, recorrem aos tribunais.

O epicentro da nossa dúvida residia em saber se o actual regime processual dos procedimentos[3] cautelares sem audiência do requerido, em especial as normas consagradas nos art.os 385.º, n.º 1 e 388.º do CPC – ou, melhor, as interpretações doutrinárias e

---

[1] RENÉ DESCARTES, *O Discurso do Método*, Edições 70, 1997, pp. 15, 31-61 e 73.

[2] *Vide,* em especial, o preâmbulo do DL n.º 74/2006, de 24.03.

[3] Acompanhamos ANTÓNIO ABRANTES GERALDES, *Temas da Reforma do Processo Civil,* Vol. III., Almedina, 2004, pp. 36 e sgs. quanto aos significados de "procedimento" e "providências". Por facilidade de exposição e pela constatável duplicidade terminológica, recorremos a ambos os termos para designar a mesma realidade.

jurisprudenciais e a prática forense relativas a essas normas –, constitui a interpretação que melhor concretiza os *direitos processuais fundamentais*[4] das partes, *maxime* do princípio da igualdade de armas.

Falar em providências cautelares *ex parte* significa falar de um momento excepcional[5] do processo civil, uma vez que, como consabido, num exemplo seguro do seu carácter instrumental[6], ao arrepio dos seus mais elementares princípios, o tribunal pode decretar uma providência sem que o requerido tenha notícia prévia de que contra si impende um procedimento judicial e, muito menos, sem que tenha oportunidade de se defender, a fim de tutelar os direitos do requerente, o que constitui, sem margem para dúvidas, uma importante restrição de *direitos fundamentais processuais*.

As nossas dúvidas centravam-se, assim, sobre o alcance e os efeitos dessa restrição no que respeita ao princípio da igualdade de armas, o que nos conduziu a um outro conjunto de questões: qual o sentido e o alcance do princípio da igualdade de armas no processo civil dos nossos dias, quais as suas concretizações, quais as

---

[4] A expressão foi colhida em RONNIE PREUSS DUARTE, *Garantia de Acesso à Justiça – Os direitos processuais fundamentais,* Coimbra Editora, 2007.

[5] Por todos, *vide* JOSÉ ALBERTO DOS REIS, *Código de Processo Civil Anotado*, vol. I, 3.ª ed., Coimbra Editora, 1948, p. 20.

[6] Sobre o carácter instrumental do processo civil, *vide*, a título de exemplo, FRANCESCO CARNELUTTI, *Instituciones del Proceso Civil*, trad. de SANTIAGO SENTIS MELENDO, vol. I, Ediciones Juridicas Europa-America, 1956, p. 22; PIERO CALAMANDREI, *Processo e Giustizia,* RDP, Vol. V, 1950, p. 279; MANUEL DE ANDRADE, *Noções Elementares de Processo Civil,* Coimbra Editora, 1976, pp. 15-17; ANTUNES VARELA/J. MIGUEL BEZERRA/SAMPAIO E NORA, *Manual de Processo Civil*, 2.ª ed., Coimbra Editora, 1985, pp. 7-10; MIGUEL TEIXEIRA DE SOUSA, *Introdução ao Processo Civil*, Lisboa, Lex, 2000, p. 46; JOSÉ LEBRE DE FREITAS, *Introdução ao Processo Civil*, 2.ª ed., Coimbra Editora, 2004, pp. 7-9.

suas relações com outros princípios estruturantes do processo civil e qual o verdadeiro sentido de um *estatuto de igualdade substancial das partes*[7] proclamado no art.º 3.º-A do CPC (?).

Desta *torrente* de inquietações, surgiu então a questão fundamental: haverá possibilidade, ou mesmo necessidade, de outras soluções interpretativas sobre as normas respeitantes aos procedimentos cautelares *inaudita parte*, que se traduzam num regime menos lesivo para os direitos do requerido, designadamente para o seu direito à igualdade de armas? Desvelando *a ponta do véu*, acreditávamos, e acreditamos agora com redobrada convicção, que esta nossa dúvida estava pejada de sentido[8] e que jamais seriam vãs as tentativas para atenuar o desequilíbrio, *rectius*: a *desigualdade de armas*, resultante de um – na formulação de GERHARD WALTER[9] – *contraditório adiado* no âmbito dos procedimentos cautelares sem audiência do requerido.

A exigência dessa procura, como exercício de responsabilidade, é imposta, aliás, pela obediência ao princípio da proporcionalidade (art.º 18.º, n.º 2, da CRP) e por uma desejável interpretação conforme à Constituição. Na verdade, haverá que procurar a solução que implique uma menor restrição dessas garantias[10], assegurando-lhes

---

[7] Já em 95-96 se anunciavam os equívocos futuros desta expressão, *cfr.* J. PEREIRA BATISTA, *Reforma do Processo Civil – Princípios Fundamentais*, Lex, 1996, p. 49.

[8] Especialmente se se ativer a soluções pré-anunciadas no art. 16 do DL n.º 108/06, de 08.06.

[9] *I Diritti Fondamentali nel Processo Civile Tedesco*, in RDP, Ano LVI, n.º 3, 2001.

[10] Os *direitos processuais fundamentais*, em geral, têm sido concebidos como garantias. *Vide*, por exemplo, J.J GOMES CANOTILHO, *Direito Constitucional e Teoria da Constituição*, Almedina, 1998, pp. 265-269.

uma adequada protecção mediante a concretização daquele princípio na sua vertente ou *máxima* de *necessidade*.[11-12]

---

[11] Como ensina VITALINO CANAS, *Princípio da Proporcionalidade*, Dicionário Jurídico da Administração Pública, vol. VI, 1994, p. 624, com «*o objectivo de tal comparação a escolha da medida menos lesiva*».

[12] Somos forçados a formular uma advertência: no estudo empreendido foram múltiplas as questões encontradas que mereciam investigação aprofundada, mas que, pelo seu âmbito e limite de extensão, não pudemos empreender. Assim, optámos por concentrar os nossos esforços mais nos critérios operativos e menos nas soluções concretas, deixando-as, assim, à discussão e à atenção que este trabalho possa, porventura, merecer.

II.

A IGUALDADE DE ARMAS
NUM *PROCESSO JUSTO*

II.I O *PROCESSO EQUITATIVO* DO ARTIGO 20.º, N.º 4, DA CRP:
A BUSCA DE UM SENTIDO

Com a revisão constitucional de 1997, o art.º 20.º da nossa Lei Fundamental sofreu significativas alterações, dispondo o seu actual n.º 4 que: *"Todos têm direito a que uma causa em que intervenham seja objecto de decisão em prazo razoável e mediante processo equitativo."* Esta norma, de importância fundamental para o nosso ordenamento jurídico, tem merecido pouca atenção da nossa doutrina, especialmente se se considerar o furor, as reflexões e os profundos debates suscitados em Itália pela introdução de norma semelhante no *novo* art.º 111.º da Constituição[13] daquele país. No entanto, o sentido da sua constitucionalização e as suas repercussões na ciência do processo civil assumem a maior importância na densificação do conceito de *processo equitativo* e, no que aqui interessa, para a concretização do princípio da igualdade de armas, tanto mais quando se pode, desde já, antever que o núcleo das garantias concedidas pela norma do art.º 20.º, n.º 4, da CRP resul-

---

[13] *Vide*, como exemplo, as referências que se fizeram e que se farão à doutrina italiana.

tava já quer de outros comandos constitucionais, quer de normas constantes do PIDCP e da CEDH.

Como sublinha TROCKER[14] em torno do art.º 111.º da Constituição Italiana, mas com plena aplicabilidade no caso do nosso preceito constitucional, a importância do *justo processo* ou, no nosso caso, do *processo equitativo,* não reside tanto na concreta redacção da norma ou na possível preferência por redacções distintas consagradas noutras constituições e instrumentos de direito internacional[15], mas antes na «*inspiração comum de fundo*», no substrato material subjacente a que ter-se-á de recorrer para esclarecer «*o perigoso equívoco*» de que «*um processo é estruturalmente justo*» e para «*recuperar o profundo significado cultural e ideal da garantia do 'processo justo'*».

De facto, é comum a ideia de que o processo constitui em si mesmo uma garantia[16] e que um processo *fora*[17] da sua dimensão dialéctica não é processo. Porém, bem se compreendem os avisos de TROCKER, porquanto o processo – enquanto «*concatenação de*

---

[14] NICOLÒ TROCKER, *Il valore costituzionale del "giusto processo",* in *Il nuovo articolo 111 della Costituzione e il giusto processo civile,* Quaderni Di «Questione Giustiza», Franco Angeli, 2000, pp. 42 e sgs. Tanto aqui, como doravante, todas as traduções no texto são nossas.

[15] Como aponta o autor, ob. cit., p. 42, a CEDH utiliza na versão francesa a expressão *"procées equitáble",* a *Magna Charta* recorre ao termo *"due processo of law"* e a Constituição Americana dispõe que: *"Nenhum estado poderá privar uma pessoa da vida, da liberdade, da propriedade sem um devido processo legal."*

[16] ENRIQUE VESCOVI/ EDUARDO VAZ-FERREIRA, *Les Garanties Fondamentales des Parties dans le Procédure Civile en Amérique Latine,* in *Fundamental Guarantees of The Parties In Civil,* Giuffrè Editore, 1973, referem que: «(…) *o processo em si mesmo é a primeira e a mais fundamental das garantias dos indivíduos no que concerne à protecção dos seus direitos* (…)», p. 106.

[17] Neste sentido, GIROLAMO MONTELEONE, *Diritto Processuale Civile,* 3.ª Ed., Milão, CEDAM, 2002, p. 19.

actos dirigidos a um resultado final que se destina, somente, a produzir eficácia no mundo substantivo»[18] –, como qualquer realidade instrumental, aliás, é instrumentalizável e é-o em função de quaisquer fins, não sendo despiciendo recordar os exemplos de um passado não tão distante, para assumir que o processo pode ser subjugado a fins contrários à dignidade da pessoa humana e ao Estado de Direito democrático.

Neste sentido, a opção do legislador constituinte pode, e deve, ser encarada como uma *«precisa opção cultural»*[19-20], que visa fundar definitivamente os alicerces de um processo material e formalmente justo, superando as incertezas e incongruências conceptuais decorrentes da ideia de um processo hermético, fechado sobre si mesmo numa pretensa *neutralidade técnica*. Por aqui se vai vendo que tanto no caso da *Costituzione* italiana, como no caso da Constituição da República Portuguesa, a opção do legislador constituinte não foi imune às influências de um movimento mais vasto que, focado nos corolários da dignidade da pessoa humana e do Estado de Direito democrático, visou recentrar o processo, em particular o processo civil, nos indivíduos, nas pessoas que dele se servem e que com ele se confrontam. Referimo-nos aos esforços do denominado *movimento de acesso à justiça* que, a partir da segunda metade do séc. XX, representou, no dizer de MAURO CAPPELLETTI, *«uma importante, a força mais importante, expressão de uma trans-*

---

[18] MAURO BOVE, *Art.111 COST. e «Giusto Processo Civile»*, RDP, Ano LVII, n.º 2, CEDAM, 2002, p. 490.

[19] TROCKER, *Il valore...*, ob. cit., p. 43.

[20] Sobre as influências do *«lawful judgement»* e do *«common law»*, no conceito de *justo processo* na CEDH e em Itália, *cfr.* LUIS PAOLO COMOGLIO, *Il «Giusto Processo» Civile nella Dimensione Comparatistica,* RDP, Ano XVII, n.º 3, CEDAM, 2002, pp. 714 e sgs.

formação radical do pensamento jurídico e uma reforma normativa e institucional num número crescente de países»[21].

Sem nos determos demoradamente na análise desta escola, antes de mais, de oposição àquela outra do *dogmatismo jurídico,* importa relembrar que o acento tónico desta doutrina enfatiza a necessidade de uma perspectiva focada nos indivíduos enquanto sujeitos, não apenas de um ordenamento jurídico, mas de um ordenamento social complexo e, por essa via, a necessidade de pensar o processo e, primeiro que tudo, as suas garantias fundamentais, a partir das diferenças culturais, sociais e económicas dos seus sujeitos, encontrando, assim, o caminho para um verdadeiro *acesso ao direito.*[22]

Mas, como referíamos, ainda antes da revisão constitucional de 1997 emanava da nossa Constituição um vasto conjunto de garantias processuais[23], todas elas reconduzíveis à ideia de *processo equitativo*[24]. Desde logo, a redacção originária do art.º 20.º da CRP, sob a epígrafe *"Defesa dos direitos"*, dispunha no seu n.º 1 que: *"A todos é assegurado o direito de acesso aos tribunais para defesa dos seus direitos, não podendo a justiça ser denegada por insuficiência de meios económicos"*. Através das sucessivas revisões constitucionais, as normas do art.º 20.º foram sendo alteradas

---

[21] *L'Acesso Alla Giustizia e la Responsabilità Del Giurista Nella Nostra Epoca*, in *Studi in Onore Di Vittorio Denti,* Vol. I, CEDAM, 1994, pp. 264 e sgs.

[22] *Ibidem*, p. 272.

[23] Neste sentido depõem as actas da Comissão Eventual para a Rev. Const., da Assembleia da República, 7.ª Legislatura., em especial, as que constam das pp. 430-434 do DAR de 06.06.1996.

[24] *Vide*, como exemplo do reconhecimento da igualdade das partes e do contraditório pelo TC: ACTC n.º 62/91, de 13.03.1991, in DR. 1.ª Série A, n.º 91 de 19.04.1991.

e desenvolvidas[25] e, logo a partir da 1.ª Revisão Constitucional, passou a assegurar-se o direito à *informação* e à *protecção jurídica*, o que não deixa de demonstrar a evolução no sentido do acesso a um *processo justo*.

Mais ainda, da ligação entre as normas fundamentais até então consagradas no art.º 20.º e a dignidade da pessoa humana (art.º 1.º)[26]; o Estado de Direito democrático (art.º 2.º); a estrutura acusatória do processo penal com submissão *dos actos instrutórios ao contraditório* (art.º 32.º, n.º 5); a garantia de independência dos tribunais (art.º 203.º); o direito à tutela jurisdicional efectiva dos administrados (art.º 268.º, n.º 4); a publicidade das audiências (art.º 206.º) e mesmo o dever de fundamentação[27] das decisões judiciais (art.º 205.º, n.º 1), verifica-se que as garantias fundamentais de um *processo equitativo*, incluindo as da igualdade de armas e do contraditório, já eram, antes da revisão constitucional de 1997, asseguradas pela nossa Constituição.

Por último, para o desenvolvimento das garantias fundamentais de um *processo justo* eram, e são, essenciais as normas do PIDCP (art.º 14.º) e, sobretudo, da CEDH (art.º 6.º) – aqui com especial ênfase para o labor jurisprudencial do TEDH[28] – que há muito haviam consagrado o *fair trial* como um *direito fundamental internacional* ou como princípio de direito internacional.

---

[25] Sobre a evolução da redacção deste artigo, *vide* JORGE MIRANDA/RUI MEDEIROS, *Constituição Portuguesa Anotada*, Coimbra Editora, 2005, p. 170.

[26] As referências feitas no presente parágrafo à CRP são realizadas de acordo com a sua actual numeração.

[27] Para a importância da fundamentação das decisões judiciais no Estado de Direito, *vide* REINHOLD ZIPPELIUS, *Allgemeine Staatslehere*, Fundação Calouste Gulbenkian, 1997, p. 390.

[28] Para uma síntese da jurisprudência do TEDH sobre *justo processo*, *cfr.* FRANZ MATSCHER, *L'equo processo nella convenzione europea dei diritti dell'uomo*, RTDP, Ano LX, n.º 4, Giuffrè, 2006, pp. 1155 sgs.

É imprescindível notar que este complexo de normas constitucionais e de direito internacional permitia que, ainda antes da 4.ª Revisão Constitucional, alguma da nossa doutrina mais expedita[29-30] vislumbrasse no art.º 20.º da CRP um direito geral de acesso ao direito que englobava quer os direitos de acção e defesa, quer os direitos à igualdade de armas e ao contraditório e que, de forma significativa, propusesse uma profunda revisão do CPC, nomeadamente quanto àquelas normas perenes que *teimavam* em conceder benefícios ou vantagens processuais ao Ministério Público[31].

Deste breve excurso, conclui-se que a nossa Lei Fundamental, ainda antes da profunda reformulação do seu art.º 20.º, dispunha de um amplo catálogo de *direitos processuais fundamentais* tributários da noção de *processo equitativo*. Qual será, então, o sentido da introdução daquela nova norma no texto constitucional, em especial no que concerne à garantia de um *processo equitativo*? A resposta terá que partir do que anteriormente se referiu: trata-se, antes de mais, de uma explicitação essencial[32] que funda definitivamente as bases estruturantes do processo, designadamente do processo civil, e que, reconduzindo-se à ideia de positivização do *due process*[33],

---

[29] Falamos, por exemplo, de LEBRE DE FREITAS, *Revisão do Processo Civil*, ROA, Ano 55, 1995, II, Lisboa, pp. 417 e *Em Torno da Revisão do Direito Processual Civil,* ROA, Ano 55, I, 1995, Lisboa, p. 5.

[30] *Cfr.* CARLOS LOPES DO REGO, *O Direito fundamental do acesso aos Tribunais e a reforma do Código de Processo Civil,* in *Estudos em homenagem a Cunha Rodrigues,* I, Coimbra Editora, 2001, pp.731 e sgs.

[31] Por todos, LEBRE DE FREITAS, *A igualdade de armas no direito processual civil português*, O Direito, 1992, IV, pp. 618 sgs.

[32] Esclarecedoras são, também, as actas a que fizemos referência *supra* (nota 23).

[33] GOMES CANOTILHO/VITAL MOREIRA, *Constituição da República Portuguesa Anotada*, vol. 1, 4.ª ed., Coimbra Editora, 2007, p. 413.

esclarece definitivamente a opção por um processo materialmente justo em cada uma das suas fases[34].

De outra sorte, a positivização do *processo equitativo* oferece, também, a vantagem de estabelecer um conjunto de ligações, de intersecções entre as diversas garantias constitucionais relativas ao processo. Voltando a TROCKER, verificamos que o «*carácter relacional*» desta garantia permite «*dar expressão à exigência de coordenação sistemática entre as diversas garantias processuais e de tornar homogénea e interdependente a sua concretização prática*», bem como «*pôr em evidência que o direito fundamental do indivíduo a um (ou ao princípio fundamental do) processo justo não se cristaliza, nem tão pouco se esfuma, numa garantia singular, mas baseia-se sobre a coordenação necessária entre diversas garantias concretas*»[35].

Por conseguinte, o *carácter relacional* do *processo equitativo* constitui um valioso contributo metodológico que obriga a pensar cada um dos *direitos processuais fundamentais* num complexo mais vasto de *garantias processuais fundamentais*, o que inevitavelmente gerará um fluxo de novos avanços, novas ideias, enfim, uma nova abordagem ao processo e às suas garantias fundamentais.

Pode-se, então, concluir que a constitucionalização do *processo equitativo* representa um momento charneira para o conjunto dos *direitos processuais fundamentais,* e para o próprio processo civil, representando uma clara opção cultural e metodológica e, simultaneamente, uma escolha de relevante alcance prático, mormente no

---

[34] LEO ROSENBORG/ KARL HEINZ SCHWAB/PETER GOTTWALD, *Zivilprozessrecht,*16 ed., Beck, 2004, p.529, apontam que o Tribunal Constitucional alemão criou uma garantia geral do direito ao *fair trial* – cujo alcance tem vindo a ser debatido – a partir do princípio do Estado de direito (*Rechtsstaatsprinzip*) e do princípio do Estado de Direito social (*Sozialstaatsprinzipv*).

[35] *Ob. cit.,* pp. 49-50.

que respeita à agregação e desenvolvimento daqueles direitos e à acrescida responsabilidade que exige tanto ao legislador, como ao estudioso do Direito mas, sobretudo, ao juiz.

Não poderíamos avançar sem, contudo, esclarecer que a opção por um *processo equitativo*, com o reconhecimento de que a justiça só pode ser materialmente justa quando ativer às diversas circunstâncias (económicas, sociais e culturais) dos seus sujeitos e, bem assim, aquela opção por um processo que não pode ser visto e pensado apenas a partir de si mesmo, não significa, porém, em nosso entender, a proposta do processo como caminho ou instrumento para a eliminação de factores de desigualdade ou, sequer, que as necessárias correcções nos factores geradores de *desigualdades de partida* devam e possam ser realizadas *no* e *pelo* processo. Cremos, antes, que o maior desafio que hoje se coloca à ciência do processo civil – sobretudo aos legisladores – é o de garantir um acesso efectivo ao processo, na acepção anteriormente desenvolvida, sem que, com isso, se faça perigar as demais garantias processuais[36], designadamente a igualdade de armas, a imparcialidade e a neutralidade do julgador. Ao longo do presente trabalho, voltaremos amiúde a esta problemática.

---

[36] PEDRO SCHERER DE MELLO ALEIXO, *O Direito Fundamental à Tutela Jurisdicional Efetiva na Ordem Jurídica Brasileira*, in *Direitos Fundamentais e Direito Privado*, Almedina, 2007, afirma eloquentemente: «*Vista deste modo, a missão do processualista não é outra que não a busca de uma calibragem e do consequente encontro de um ponto mediano entre justiça material e segurança formal (…) O processo civil, na qualidade de veículo de prestação da tutela jurisdicional há de ser, na maior medida possível, aderente à realidade processual e consentâneo com a relação de direito material controvertida*».

II.II IGUALDADE DE ARMAS *VS.* CONTRADITÓRIO: ESBOÇO DE UMA EVOLUÇÃO INCINDÍVEL

Não é possível abordar a problemática da igualdade de armas sem abordar, também, o princípio do contraditório. Os dois direitos (princípios) são, de facto, indissociáveis, desde logo porquanto hodiernamente derivam ambos da própria noção de *processo equitativo*[37]. Aliás, são frequentes as situações em que os dois direitos se confundem ou, pelo menos, em que se implicam mutuamente, pelo que um estudo individualizado dos mesmos não será, talvez, possível e, certamente, não constituirá opção acertada.

As referências ao princípio do contraditório, e num certo sentido ao princípio de igualdade de armas, podem ser encontradas em escritos remotos[38], desvelando o ancestral carácter dialéctico do processo. A ideia do contraditório como defesa e reacção, como direito a ser ouvido e a convencer o juiz da bondade dos argumentos surge, primeiramente, na *Apologia de Sócrates*, o qual, dirigindo-se aos seus julgadores no final da sua defesa, afirmava: «*Independentemente da honra, Atenienses, também não me parece que seja justo rogar ao juiz e fazer-se alguém absolver pelas suas súplicas. É, sim, necessário esclarecê-lo e convencê-lo, porque o*

---

[37] Na doutrina americana, STEPHEN SUBRIN/MARTHA MINOW/MARK BRODIN/THOMAS MAIN, *Civil Procedure – Doctrine, Pratice and Context,* Aspen Law & Business, 2000, pp. 25-29, aludindo ao Juiz Frankfurther (340 U.S. 149) referem que, apesar do *due process* não poder ser reconduzido a uma qualquer definição limitadora, ele corresponde essencialmente ao direito a ser ouvido mas, também, ao evitar de procedimentos secretos e/ou unilaterais.

[38] A este propósito, CASTRO MENDES, *Direito...,* cit., p. 197, refere as orações de Demóstenes aos atenienses e FERNANDO LUSO Soares, *Processo Civil de Declaração,* Almedina, 1985, p. 477, o *Cântico do Eclesiastes 43,22.*

juiz não ocupa o seu lugar no tribunal para fazer da justiça um favor, mas para decidir o que é justo».[39]

Nos séc. XVI e XVII a *«ilusão de que era possível atingir a verdade do mundo empírico mediante a simples adopção dos métodos fornecidos pela epistemologia científica»*[40] desvalorizava o papel do contraditório. A verdade era apenas da competência do juiz e este, sublinham os autores, era colocado numa posição de superioridade que tendia a excluir o diálogo com as partes e, mesmo, o diálogo entre estas.

De outro modo, na tradição liberal o processo era, como se sabe, encarado como *«um assunto privado das partes»*[41], permanecendo o juiz relegado para um papel secundário. O contraditório assumia-se, então, como faculdade da parte responder aos impulsos processuais da parte contrária, como um direito de resposta e contra-resposta *quasi* interminável. Tratava-se, é preciso recordá-lo, de um modelo *integralmente dispositivo* em que o processo servia os impulsos egoísticos das partes.

O desenvolvimento posterior do princípio do contraditório, já no séc. XX, não parece ser linear. PICARDI[42] refere que, no primeiro pós-guerra, sob a influência da teoria normativa do direito, o contraditório é remetido para um lugar à margem do processo e que, no segundo pós-guerra, sob a influência de um *«retorno ao juízo»*, ao próprio acto de julgar, proclamado por CARNELUTTI[43], vai

---

[39] PLATÃO, *A Apologia de Sócrates*, in *Diálogos*, III, Europa América, p. 55.

[40] LUIGI LOMBARDO, *La Prova Giudiziale – Contributo Alla Teoria del Giudizio di Fatto nel Processo*, Giuffrè Editore, 1999, p. 174.

[41] MIGUEL TEIXEIRA DE SOUSA, *Introdução ao Processo Civil*, Lex, 2000, p. 24.

[42] NICOLA PICARDI, *Il Principio del Contradditorio*, RDP, Ano LIX, n.º 2, 1999, pp. 675-680.

[43] *Torniamo al giudizio*, RDP, vol. V, 1949, p. 281.

ganhando nova pujança como instrumento de formação do *juízo judicial* e, posteriormente, como garantia processual com protecção constitucional. Porém, verifica-se com LOMBARDO[44] que persiste uma certa divisão doutrinária entre aqueles autores que compreendem o contraditório como um *instrumento de luta entre as partes*[45] ou como «*a garantia da possibilidade abstracta de interferir em qualquer questão que possa resultar relevante para a decisão da controvérsia*» e os que o encaram como instrumento da verdade ou, melhor dizendo, como «(…) *ideia do "carácter dialogante" estruturalmente próprio da procura da verdade; que constitui o elemento heurístico necessário para a correcção recíproca e para a correcção dos erros* (…)».

No que respeita ao princípio da igualdade de armas, a doutrina não refere, em geral, quais as suas concretas origens, o que, certamente, se ficará a dever ao facto de a sua evolução histórica ser, afinal, a do próprio princípio do contraditório. Todavia, impõem-se duas notas específicas: à uma, cabe realçar que a noção de igualdade de armas remonta outrossim a tempos ancestrais, resultando tal conclusão aprioristicamente da referida ligação, senão quando confusão, com a ideia de contraditório; à outra, o carácter remoto da ideia de igualdade de armas pode encontrar-se na própria ideia de justiça que perpassa ao longo dos séculos e da qual parece resultar, pelo menos, uma ideia de equilíbrio. A imagem, ainda hoje tão difundida, da deusa *Themis*[46], na Grécia, ou *Iustizia*, em Roma,

---

[44] LUIGI LOMBARDO, *La Prova Giudiziale – Contributo alla teoria del giudizio di fatto nel processo*, Giuffrè Editore, 1999, pp. 175-181.

[45] Aliás, na esteira de CALAMANDREI, *Il Processo Come Giuoco*, RDP, vol. V, Parte I, 1950.

[46] Em rigor, são múltiplos os significados atribuídos à imagem e à sua diversa simbologia. Para uma história iconográfica *vide,* por todos, DENNIS E. CURTIS /JUDITH RESNIK, *Images of Justice*, in The Yale Law Journal, vol. 96, n.º 8, 1987, pp. 1727-1772.

constitui disso um exemplo paradigmático: quer a imagem da balança que a deusa segura, quer a venda – que surge mais tardiamente – remetem para uma noção colectiva e remota de paridade, de equilíbrio e de uma justiça que, permanecendo imparcial, não olha aos seus destinatários.

Ademais, parece ser indesmentível que a ideia de igualdade de armas surge com particular intensidade no domínio do processo criminal: após o final dos estados absolutistas do séc. XVII e XVIII e com o advento do *Iluminismo*, o processo penal passa a ser encarado como uma *lide*[47] em que se confrontam o Estado e o suspeito. Esse confronto, sempre sob a influência dos direitos naturais dos cidadãos, não podia fazer-se sem que ambas as partes pudessem lutar de igual para igual e daí vai surgindo o processo penal de estrutura acusatória, com garantia de amplos direitos de defesa do arguido que permitem um confronto, em igualdade, com o acusador. O conceito vai, depois, sendo filtrado para o processo civil e ganhando expressão nos instrumentos de direito internacional e nas Constituições da segunda metade do séc. XX.[48]

---

[47] FIGUEIREDO DIAS, *Direito Processual Penal*, I vol., Coimbra Editora, 1981, pp. 60 e sgs.

[48] Sobre as influências das garantias do processo penal no processo civil, *cfr.* RONNIE PREUSS DUARTE, *Garantia...*, ob. cit., pp. 65-67. MAURO CAPPELLETT/VINCENZO VIGORITI, *Fundamental rights of the litigants in civil proceedings*: Italy, in *Fundamental Guarantees of the Parties in Civil Litigation*, Giuffrè, 1973 refere, sobre o *right to a fair hearing*, que um conjunto de corolários daquele princípio extraídos em decisões sobre o processo penal convolam-se em princípios gerais aplicáveis ao processo civil.

II.III IGUALDADE DE ARMAS: A EXIGÊNCIA DE UMA *SIMETRIA TRIANGULAR*

No presente, igualdade de armas e contraditório continuam a ser apontados como consequência um do outro. De facto, o contraditório pode ser entendido como uma decorrência do princípio da igualdade de armas[49], no sentido em que este princípio – de carácter mais abrangente – exige que as partes possam pronunciar-se sobre todas as questões respeitantes à lide, sob pena de se gerar um desequilibro das suas posições no processo e, por outra via, a igualdade de armas pode ser entendida como uma exigência do contraditório[50], uma vez que este, enquanto direito de ser ouvido e a influenciar a decisão final, exige uma igual oportunidade de exposição de razões e argumentos. Não pretendemos, contudo, estabelecer qualquer relação hierárquica – nem tal será possível – ou de precedência entre aqueles princípios, nem vemos, aliás, que tal se afigure relevante. Mais importante será determinar, tanto quanto possível, o núcleo essencial dos dois direitos, quais sejam os corolários de cada um e quais os efeitos concretos resultantes das suas interacções nos domínios do processo civil.

Sem prejuízo de alguma doutrina que, apesar de tudo, cremos minoritária[51], o moderno princípio do contraditório é hoje entendi-

---

[49] A título meramente exemplificativo: CASTRO MENDES, *Direito...*, cit., p. 194; LEBRE DE FREITAS/JOÃO REDINHA/RUI PINTO, *Código de Processo Civil Anotado*, Coimbra Editora, vol 1.º, 1999, p. 10; TEIXEIRA DE SOUSA, *Estudos...*, ob. cit., p. 47.

[50] Neste sentido, por exemplo, GIORGIO CONSTANTINO *Il nuovo articolo 111 della Costituzione e il "giusto processo civile". Le garanzie*, in *Il nuovo...*, cit. p. 264; REMO CAPONI, *Brevi note sul contradittorio in condizioni di parità nel processo civile*, in *Il nuovo...*, cit., pp. 281-282;

[51] *Vide supra* nota 44.

do como a possibilidade de participação efectiva das partes no desenvolvimento da lide, como prerrogativa de as partes poderem *influenciar todos os elementos* directa ou indirectamente relacionados com o objecto da causa e com a decisão final. Esta concepção implica, em primeira mão, o direito a ser ouvido, como o direito de a parte se pronunciar sobre todas as questões de facto e de direito[52] (substantivo ou adjectivo) e de se pronunciar em momento anterior a qualquer decisão com a consequente proibição de *julgamentos sumários*[53] mas, também, – sem preocupação de esgotar todos os seus corolários – o direito a conhecer as condutas da outra parte e demais intervenientes no processo (funcionários judiciais, solicitadores de execução, peritos, fieis depositários, etc.); o direito de apresentar e produzir prova – com especial relevância para o direito a produzir prova, *maxime* testemunhal, sem demasiadas interferências do juiz[54] e o direito de controlar a admissibilidade e a produção de prova da parte contrária.

Como está bom de ver, não consideramos que o contraditório seja um instrumento da verdade, cuja função seja a de corrigir erros das partes ou erros de julgamento[55]. Com efeito, conquanto não possam, e não devam, litigar de má fé (art.º 456.º do CPC), as partes não podem ser obrigadas a contribuir positivamente para o sucesso na lide da parte contrária. Aliás, as partes não podem sequer ser obrigadas a intervir no processo. O contraditório compreende antes a possibilidade de cada parte poder influenciar a

---

[52] Em sentido contrário quanto à exigência de garantir às partes, em todos os casos, uma discussão jurídica do litígio, *vide* THOMAS RAUSCHER/PETER WAX/JOACHIM WENZEL *Münch-ZPO Kommentar*, 3.ª ed., Beck, 2008, p. 42.

[53] OTHMAR JAUERING, *Direito Processual Civil*, Almedina, 2002, p. 167.

[54] Neste sentido, JOHN ANTHONY JOLOWICZ, *Fundamental Guarantees in Civil Litigation: England*, in *Fundamental Guarantees...*, cit., pp. 162-163.

[55] *Vide supra* nota 38.

decisão e, por isso, a faculdade de, nos limites estabelecidos pela lei adjetiva, expor a sua versão dos factos e do direito e de produzir prova tendente a provar os factos constitutivos dos direitos a que se arroga ou a impugnar e/ou a excepcionar o direito que negam.

Diversamente, uma boa parte da doutrina vem concretizando o princípio da igualdade de armas como proibição do arbítrio[56] e, nessa sequência, como igualdade de tratamento e proibição de discriminações. Na sua análise à jurisprudência do Tribunal Constitucional, LOPES DO REGO afirma que: *«Num sentido mais preciso e restrito, implicará o "princípio da igualdade processual das partes" ou da "igualdade de armas" que a lei de processo não pode estabelecer regimes discriminatórios para as partes ou sujeitos da mesma acção: as partes deverão gozar, ao longo de toda a instância, de um estatuto de plena igualdade, de total equidistância relativamente ao tribunal, não podendo qualquer uma delas ser*

---

[56] Neste sentido, GOMES CANOTILHO/VITAL MOREIRA, ob. cit., p. 415: *«A doutrina e a jurisprudência têm procurado densificar o princípio do processo equitativo através de outros princípios: 1 direito à igualdade de armas ou direito à igualdade de posições no processo, com proibição de todas as discriminações ou diferenças de tratamento ou arbitrárias; (…)»* e que (p. 346): *«Relativamente à segunda dimensão – igualdade dos cidadãos perante os tribunais – as mais importantes consequências práticas são a "igualdade de armas" e a igualdade da posição de sujeito processual, o que implica a proibição de discriminação das partes no processo»* Em 1994, JORGE MIRANDA, *Constituição e Processo Civil*, Direito e Justiça, Vol. VIII, Tomo 2, 1994, p. 14, escrevia: *«Todos os cidadãos são iguais perante a lei e ninguém pode ser privilegiado beneficiado, prejudicado, privado de qualquer direito ou isento de qualquer dever em razão da ascendência, sexo,(…). Logo, todas as partes em processo civil devem receber igual tratamento, todas devem ter os mesmos direitos e deveres processuais sem discriminação nem privilégio nenhum»*. Embora, mais adiante, pp. 15-21 pareça referir-se à dimensão social do princípio da igualdade no âmbito do processo civil, não apresentando, contudo, qualquer tipo de critério ou de concretizações.

injustificadamente privilegiada ou prejudicada em relação à outra no exercício de faculdades, no uso de meios de defesa, ou na aplicação de cominações ou sanções processuais – como presentemente estabelece o art.º 3.º-A do CPC»[57].

Na verdade, para além de apontar a referida ligação entre igualdade de armas e contraditório, o Tribunal Constitucional[58] tem entendido o princípio da igualdade de armas sobretudo como proibição de arbítrio entre as partes, no sentido de não admitir a criação de regimes adjectivos especiais sem fundamento razoável e objectivo. Na sua jurisprudência é ainda vislumbrável o sublinhar da ideia de paridade entre as partes mas, ao mesmo tempo, a concessão de excepções imposta pela necessidade de diferenciar o que é essencialmente diferente, como por exemplo no caso do ATC 608/99[59], em que o tribunal considerou justificadas cominações diferentes para o requerente e para o requerido quanto à falta de pagamento de preparos, mas apenas sob um prisma puramente processual.

Encontrar uma única definição que condense o princípio da igualdade de armas não é, porém, tarefa fácil, e poderá até ser empreendimento redutor. Genericamente, *igualdade de armas* significa tão-só igualdade de tratamento, ou direito a ser tratado como igual, igualdade de meios e faculdades processuais e igualdade de deveres e ónus processuais. A concretização do que seja igualdade de armas parece reunir um único, mas fundamental, consenso: a ideia de paridade. De facto, a noção de paridade está no núcleo do princípio da igualdade de armas mas exige, todavia, alguma concre-

---

[57] *O Direito...*, cit., p. 745.

[58] Para uma análise da Jurisprudência do TC, *vide* LOPES DO REGO, *O Direito...*, cit., pp. 743 e sgs. e LEBRE DE FREITAS/CRISTINA MÁXIMO DOS SANTOS, *O Processo Civil na Constituição, Coimbra Editora*, 2008, pp. 12-14.

[59] Proferido no proc. n.º 473/97.

tização. A paridade exigida por este princípio revela-se, ao longo do processo, em três âmbitos distintos: (*i*) o da relação de cada parte com o juiz; (*ii*) o da relação entre as partes entre si[60] e (*iii*) o da relação simultânea que se estabelece entre as duas partes e o juiz.

No primeiro caso, a relação entre o juiz e cada uma das partes deve ser tal que, sem prejuízo dos poderes próprios do juiz, a parte não possa ser relegada para uma posição inferior ou mais distante da posição em que a parte contrária se encontra perante o juiz (*cfr,* por exemplo, o uso desigual do poder constante do art.º 266.º, n.º 2, do CPC). No segundo plano, deve ser assegurada uma paridade na relação endo-processual que as partes estabelecem entre si, de modo a salvaguardar que nenhuma fique desfavorecida em face do julgador (podem ser aqui convocadas as normas do EOA referentes à proibição de utilização de documentos resultantes de negociações extrajudiciais *malogradas*). Por último, nas relações simultâneas entre o juiz e as partes deve ser assegurada a referida paridade (nomeadamente no decurso da audiência), sem a qual estará verificado um desequilíbrio inadmissível.

Trata-se de uma relação[61] triangular[62] em que, num plano bidimensional, se se considerar a relação entre o Juiz (A) e cada uma das partes os lados iguais (B e C) – lados $\overline{AB}$ e $\overline{AC}$ – e a sua posição a altura do triangulo no eixo vertical – segmento $\overline{AO}$ – encontramos, segundo esse eixo, uma simetria espacial perfeita entre

---

[60] Uma tal «igualdade» é referida, também, por PIERRE ROUARD, *Traité Élémentaire de Droit Judiciaire Privé*, vol. I, Bruylant, 1979, pp. 70-71.

[61] Com isto não pretendemos discorrer sobre, ou sufragar, a visão do processo como relação jurídica. Sobre esta problemática, *vide*, por todos, PAULA COSTA E SILVA, *Acto e Processo – O Dogma da Irrelevância da Vontade na Interpretação e nos Vícios do Acto Postulativo*, Coimbra Editora, 2003, pp. 84-128.

[62] *Cfr.* PAULA COSTA E SILVA, ob. cit., p. 86, nota 127.

as partes – Vértices B e C – e, também, segundo o mesmo eixo, uma representação simétrica de duas áreas $\overline{AOBA}$ e $\overline{AOCA}$, que simbolizam a igual repartição de oportunidades de ambas as partes na obtenção do ganho da causa, mediante uma distribuição igualitária dos meios e faculdades processuais e uma sujeição paritária aos deveres e ónus processuais.

Falamos, por isso, em *simetria triangular*. Mas uma simetria cujo critério de aferição, necessariamente adjectivo, reside na igual repartição de oportunidades na obtenção de ganho de causa, mediante uma distribuição igualitária dos meios e faculdades processuais e uma sujeição paritária aos deveres e ónus processuais. Este será o princípio-norma, o *Norte* a seguir no processo, mas que, como é lógico, não pode ser entendido de forma absoluta e, mesmo quando relativizado, comporta restrições. Aliás, refira-se que, no limite, será impraticável uma absoluta igualdade de armas ou, pelo menos, sê-lo-á quando se considere que «*o direito processual, qual complexo de regras de tutela judicial, é fisiologicamente um direito desigual*» e que «*a tutela diferenciada não é uma excepção ou um desvio dos princípios, mas a consequência fisiológica da função instrumental do processo*»[63-64].

Se nos nossos dias é possível afirmar que, para lá do seu art.º 3.º-A, o CPC prescreve, tanto quanto possível, uma paridade entre as partes no processo, nomeadamente no que toca à distribuição de faculdades e à sujeição a ónus ou deveres – apesar de algumas dúvidas que nos suscitam as normas que conferem poderes ao juiz para assistir processualmente as partes[65] –, tão ou mais importante do que verificar essa paridade será garantir que esta se realize con-

---

[63] GIORGIO CONSTANTINO, *Il nuovo articolo 111...*, cit., p. 267.

[64] A mesma ideia é sugerida por TEIXEIRA DE SOUSA, *Estudos...*, cit., p. 42.

[65] Referimo-nos, por exemplo, ao art. 508.º, n.º 1, al. b) e n.os 2 e 3 do CPC.

cretamente nos nossos tribunais. O juiz deve orientar interiormente a sua actuação nesse pressuposto, mas, por outro lado, não poderá desviar-se do mesmo no que toca à sua actuação exterior, evitando sempre que as suas acções e os seus comportamentos promovam a referida desigualdade de armas ou mesmo que a aparentem. É certo que a actuação do juiz ao longo do processo, *maxime* no decurso da audiência, está em muito condicionada pela actuação das partes e dos seus mandatários, mas nem por isso o juiz deve descansar na busca de conceder às partes um tratamento igual, tanto nas questões fulcrais do processo como naquelas outras de aparente pormenor.

Neste sentido, igualdade de armas mais não é do que aplicar o mesmo critério, seja ele qual for, no tratamento das partes ao longo de todo o processo, o que pressupõe a eficácia concreta dos meios concedidos a ambas as partes ou das condições de utilização desses meios[66]. Com a identidade de critérios pretende-se, tão-só, significar o mesmo *peso-media* na balança da justiça processual. Mas, para melhor compreender o princípio da igualdade de armas e o sentido exegético que propomos, será mister desvelar e analisar os seus fundamentos normativos.

A própria dignidade da pessoa humana, o Estado de Direito democrático, o processo equitativo e o princípio da igualdade constituem inegavelmente os seus fundamentos originários[67]. Num

---

[66] Em torno da eficácia do princípio da igualdade de armas no processo penal, *vide* RUI PATRÍCIO, *O princípio da presunção da inocência do arguido na fase do julgamento no actual processo penal português*, AAFDL, 2000, p. 66.

[67] Neste sentido, THOMAS RAUSCHER/PETER WAX/JOACHIM WENZEL, *Münch...*, cit., p. 44, referem que não são exactamente claros os fundamentos do princípio e a sua relação com a Constituição, mas que o Tribunal Constitucional Alemão tem considerado que este deriva do princípio do Estado de Direito e do princípio da igualdade.

Estado de Direito democrático, reconhece-se como estrutura básica da sociedade o próprio conceito de justiça. Nos ensinamentos de RAWLS[68], num ponto original, sob o *véu da ignorância*, os indivíduos acordam sobre a criação de uma estrutura que distribua entre todos os direitos e os deveres que possibilitam a sua convivência comum. Essa estrutura assenta sobre dois princípios fundamentais, um dos quais será a igualdade na distribuição de direitos e deveres fundamentais. E, dizemos nós, aceitam também o erigir de um conjunto de regras que reprima os comportamentos injustos dos seus membros, seja nas relações entre si, seja na violação dos bens jurídicos essenciais, mas para que o julgamento dos indivíduos possa obter o *acordo fundamental* – ou para que se possa realizar à luz do mesmo – e, por isso, um julgamento justo, a referida distribuição de direitos e deveres ter-se-á de verificar, também, no domínio processual, o que implica uma profunda noção de paridade. Na verdade, a dignidade da pessoa humana implica que o julgamento dos homens pelos homens (colectividade) seja realizado com recurso a regras previamente definidas pelos homens e que o julgamento de um obedeça às regras do julgamento dos outros[69-70].

A noção de igualdade de armas confunde-se, assim, com a própria ideia de justiça, no sentido em que a dignidade da pessoa humana exige igualdade de tratamento perante a lei (geral e abs-

---

[68] JOHN RAWLS, *A Theory of Justice*, Oxford University Press, 11.ª ed., 1991, em especial, pp. 3-54.

[69] A mesma ideia de igualdade encontra-se em PIERRE ROUARD, *cfr.* nota 57 *supra*.

[70] RUI PINTO, *A Questão de Mérito na Tutela Cautelar*, tese de doutoramento inédita, acessível no repositório da Universidade de Lisboa, http://194.117.1.196/R?RN=327935000, p. 87, refere, a propósito do que denomina de *legitimação social do resultado*, que «*O que se quer dizer com isto é que o processo equitativo é aquele que produz um resultado socialmente tido por justo (...)*».

tracta), o que, no plano adjectivo de hoje, significa igualdade perante o julgador, quer na defesa do direito a que alguém se arroga, quer no direito a defender-se da pretensão daquele que lho opõe. Ou seja, a igualdade de armas é, antes de tudo, expressão adjectiva do princípio da igualdade[71] consagrado, entre nós, no art.º 13.º da CRP e que se realiza em estreita ligação com o princípio do contraditório e com o princípio da imparcialidade do juiz – aqui não na acepção de independência funcional mas como neutralidade[72] – perante as partes e perante a própria lide.

Porém, o princípio da igualdade de armas no processo civil ter-se-á de construir à luz da natureza e dos fins do processo e, também, sob o travejamento de um *processo equitativo*, o que, ainda hoje, não deixa de pressupor a ideia de luta ou de jogo. No fundo, a ideia de que se o Estado ou a colectividade perseguem os fins da justiça, já as partes não deixam de perseguir os seus próprios fins[73-74].

---

[71] Em 1952, EDUARDO COUTURE, *Introdução ao Estudo do Processo Civil*, Jornal do Fôro, p. 26, escrevia: «*O litígio aparece, assim, dominado por uma ideia que denominaremos de bilateralidade. Ambas as partes se encontram, no litígio, em pé de igualdade, e esta igualdade dentro do processo não é mais do que uma manifestação do princípio da igualdade dos indivíduos perante a lei*».

[72] BOVE, ob. cit., pp. 506-507, refere, a propósito da expressão "*davanti a giudice terzo e imparziale*", constante do art. 111.º da Constituição Italiana, que a exigência de imparcialidade significa uma decisão sobre a controvérsia perante um juiz afastado dos interesses em jogo ou numa posição de equidistância perante os litigantes. TROCKER, aponta o mesmo sentido para as normas constantes do artigo 6.º da CEDH e 14.º do PIDCP, em *Il nuovo articolo 111 della costituzione e il «giusto processo» in matéria civile: profili generale*, RTDP, Ano LVI, n.º 4, p 401.

[73] Por todos, PIERO CALAMANDREI, *Il Processo...*, cit., pp. 23-51. Na verdade, este autor sublinha que, não obstante o interesse do Estado na descoberta da verdade, tem de se considerar que as partes, muito mais do que a verdade, sempre pretendem ganhar a causa, o que, quanto nós, continua hoje pejado de sentido.

[74] A constatação do hedonismo das partes parece, também, estar presente no pensamento de PAULA COSTA E SILVA, ob. cit., pp. 109-112, na crítica que dirige à noção ou pressuposto de «*parte ideal*».

Não basta, portanto, tentar transpor, sem mais, o princípio da igualdade para a realidade adjectiva. Em boa verdade, independentemente dos interesses do Estado e da colectividade corporizados no juiz, não é possível deixar de reconhecer que no processo civil são dirimidos direitos das partes e que cada uma delas age em função do resultado que pretende alcançar. Vejamos, então, qual a *concretização relacionada* do princípio e o alcance da igualdade no domínio do processo.

Como anunciámos, o princípio da igualdade de armas possui um campo de acção mais abrangente que o contraditório, já que abrange situações que não se incluem no campo de actuação deste princípio. A paridade deverá significar, como se referiu, paridade de direitos mas, outrossim, paridade na sujeição a ónus ou deveres. Ora, será no plano dos ónus e deveres a que as partes ficam sujeitas que, porventura, encontraremos uma actuação isolada do princípio da igualdade de armas. Bastará pensar-se no exemplo em que o juiz impõe a uma das partes a tradução de documentos que esta apresentou em língua estrangeira (*cfr.* art.º 140.º do CPC), mas já não o exigindo à parte contrária que apresentou, também, documentos na mesma língua estrangeira. Nesta situação estará imediata e directamente em causa o princípio da igualdade de armas – embora, é certo, o princípio do contraditório possa, também, estar mediata e indirectamente imbricado.

O direito à igualdade de armas desenvolve-se em estreita conexão com o direito ao contraditório. Não haverá igualdade de armas se a uma das partes é dada a faculdade de se pronunciar sobre uma questão e à outra não. Não haverá igualdade de armas se as partes não puderem, em paridade, influenciar a decisão do juiz[75] e não

---

[75] O artigo 111.º da Constituição Italiana faz, precisamente, referência ao exercício do *contraditório em paridade*.

haverá igualdade de armas se a duas partes, em igualdade de circunstâncias, forem concedidos prazos diferentes para se pronunciarem sobre qualquer decisão que o juiz entenda tomar.

A igualdade de armas implica-se, de igual modo, com a garantia de imparcialidade do juiz. Imparcialidade, entenda-se, perante as partes e o objecto da lide. Reitera-se: imparcialidade concebida aqui como neutralidade e não como garantia de independência funcional. O juiz será parcial perante as partes e perante o objecto da lide se, por algum motivo, conceder às partes tratamento diferenciado sem nenhuma justificação razoável. Da mesma forma, o juiz que, por alguma razão, for parcial, ou puder ser parcial – recordamos aqui dos fundamentos de suspeição, *cfr.* art.º 127.º do CPC – em relação a alguma das partes, provocará um desequilíbrio na simetria posicional das partes.

Verificamos, agora em concreto, o actuar do *processo equitativo* enquanto norma de *«carácter relacional»* a que aludimos anteriormente. Princípio da igualdade de armas, contraditório e imparcialidade estão abrangidos na ideia de *processo equitativo* e, na prática, não podem deixar de ser vistos como estando directamente relacionados.

Concretizando esta ideia e, de igual forma, os postulados que expressámos em relação àqueles princípios, tomemos mais um exemplo, sendo este sugerido a propósito do princípio do contraditório por JOLOWICZ[76]: se um juiz tomar uma atitude excessivamente interveniente na audiência de julgamento, impedindo uma das partes de interrogar as suas testemunhas convenientemente (porque decide interrogar as testemunhas de uma parte, substituindo-se ao seu mandatário), estarão violados os três princípios a que fizemos referência. Desde logo, o princípio da igualdade de armas,

---

[76] Ob. cit. p. 63.

uma vez que, ao ser impedida de exercer um direito, a parte é remetida para uma posição *inferior* à da parte contrária à qual foi permitido exercer o direito correspondente. Por sua vez, o princípio do contraditório é intoleravelmente limitado, já que à parte não foi dada a oportunidade efectiva de influenciar a decisão final ou, pelo menos, essa possibilidade foi fortemente restringida – aqui considerando, claro está, que a intervenção do juiz era, em concreto, excessiva – e, por último, é violado o princípio da imparcialidade[77], pois o juiz abandona a posição de neutralidade e equidistância perante as partes e o objecto do processo.

II.IV O ART.º 3.º-A DO CPC: AFINAL, QUE IGUALDADE DE ARMAS?

O maior problema na concretização do princípio da igualdade de armas reside, contudo, em saber em que medida este princípio pressupõe a realização, no processo, do princípio da igualdade (art.º 13.º da CRP).

Em tempos hodiernos, vêm sendo apontadas três vertentes distintas do princípio da igualdade, que mais não são que o resultado da evolução decorrida entre o Estado Liberal e o Estado de Direito social: (*i*) igualdade perante a lei; (*ii*) proibição de discriminações injustificadas e (*iii*) eliminação de desigualdades fácticas ou eliminação de factores de desigualdade de partida.

---

[77] MONTELEONE refere, a respeito dos limites intrínsecos da actividade do juiz, ob. cit., p. 31, que «*Verifica-se, portanto, infiel à lei aquele juiz que, ainda que em boa fé, se sobrepõe às partes, assumindo de facto a veste de contraditor, que não lhe compete; aquele juiz que instrumentaliza as partes e o processo por um fim que lhe é externo (político, ideológico, económico, de sentimento, persecutório, etc., etc.,); aquele juiz que finge viver do contraditório e do processo, mas que chega a uma realidade com uma solução preconcebida de algibeira.*»

No primeiro sentido, o princípio da igualdade convoca a ideia de igualdade de todas as pessoas perante a lei, «*independentemente do seu nascimento e do seu status, perante a lei geral e abstracta, considerada subjectivamente universal em virtude da sua impessoalidade e da indefinida repetibilidade na aplicação*»[78]. Embora esta dimensão apareça hoje desvalorizada, sobretudo em face da evolução das demais dimensões deste princípio, «*a igualdade perante a lei contínua a ser um mínimo que se impõe à observância enquanto exigência decorrente da igual dignidade de todos*»[79].

Na sua segunda dimensão, própria do Estado de Direito democrático, o princípio da igualdade implica a proibição de discriminações negativas ou positivas sem justificação ou, dito de outro modo, «*O sentido primário da fórmula constitucional é negativo: consiste na vedação de privilégios e de discriminações*»[80]. Trata-se, enfim, da igualdade enquanto proibição do arbítrio, implicando a inadmissibilidade de diferenciação «*sem qualquer justificação razoável, de acordo com critérios objectivos, constitucionalmente relevantes*»[81]. Como ensinam GOMES CANOTILHO/VITAL MOREIRA[82], o princípio da igualdade, nesta dimensão, serve essencialmente como «(…) *princípio negativo de controlo, nem aquilo que é fundamentalmente igual deve ser tratado arbitrariamente como desigual, nem aquilo que é essencialmente desigual deve ser arbitrariamente tratado como igual*»[83].

---

[78] GOMES CANOTILHO/VITAL MOREIRA, ob. cit., p. 337.

[79] JORGE REIS NOVAIS, *Os Princípios Constitucionais Estruturantes da República Portuguesa*, Coimbra Editora, 2004, p. 103.

[80] *Cfr.*JORGE MIRANDA//RUI MEDEIROS, *Constituição Portuguesa...*, cit., p. 120.

[81] GOMES CANOTILHO/VITAL MOREIRA, ob. cit., p. 339.

[82] *Ibidem.*

[83] Sobre a temática do *controlo* do princípio da igualdade, *cfr.* GOMES CANOTILHO, ob. cit., pp. 1160-1163.

A terceira dimensão do princípio da igualdade corresponde à sua função social e exige a eliminação ou atenuação dos factores de desigualdade, designadamente dos factores de ordem económica, cultural e social. Atende-se, por isso, às denominadas desigualdades de oportunidade ou de facto. Como *princípio de protecção*, o princípio da igualdade demanda, nesta vertente, a realização de discriminações positivas, tendentes a assegurar uma igualdade *jurídico-material*, sendo certo que, no âmbito dos direitos, liberdades e garantias ou direitos análogos, pode assumir a função de *direito subjectivo público* ou mesmo o *«carácter de imposição constitucional concreta de acção afirmativa, com o consequente dever jurídico-constitucional dos órgãos públicos (designadamente do legislador) quanto a este princípio»*.[84]

Como se pode facilmente discernir, o busílis da nossa controvérsia reside em saber se o princípio da igualdade de armas pressupõe, ao nível do complexo de normas que disciplinam o processo civil, esta dimensão material do princípio da igualdade de eliminação de *desigualdades de facto* ou de oportunidades e, sobretudo, saber se será ao juiz da causa que caberá a função de controlar, em cada momento do processo, a referida igualdade de oportunidades. Em bom rigor, é esta a problemática que grassa em torno da formulação do art.º 3.º-A do CPC e sobre a qual a doutrina tem assinalado a dificuldade em encontrar um significado correcto e efectivo para o adjectivo "substancial"[85].

Urge saber, afinal, se a exegese do adjectivo "substancial" implica considerar que o juiz deve controlar e corrigir todas e quaisquer desigualdades de facto ou de oportunidades entre as partes ou

---

[84] Por todos, GOMES CANOTILHO/VITAL MOREIRA, ob. cit., p. 342-343.

[85] LEBRE DE FREITAS/JOÃO REDINHA/RUI PINTO, *Código...*, ob. cit., p. 11.*Vide*, também, a explicação destes autores quanto à história do preceito.

se, ao invés, deve ser outra a interpretação daquele adjectivo. A questão levanta inúmeras dificuldades – aliás, tal como sucede com o princípio da igualdade, o tratamento de igualdade de armas é um *problema constantemente inacabado*[86] – e não temos, por isso, a pretensão de apresentar solução definitiva para a controvérsia mas não deixaremos, em todo o caso, de propor um sentido interpretativo para o art.º 3.º-A do CPC.

Na procura de uma solução, não podemos deixar de relembrar que a génese do princípio da igualdade de armas coincide com a proibição do arbítrio: nenhuma das partes em juízo pode ser discriminada negativa ou positivamente em face da outra[87], sob pena de se desvirtuar o equilíbrio entre ambas. Como propusemos, a igualdade de armas não pode deixar de ser entendida à luz do processo e, por consequência, o critério aferidor da paridade deverá ser um critério adjectivo. O mesmo será dizer que a paridade entre as partes deve ser avaliada à luz da posição que estas ocupam perante o juiz e a lide e, assim, mensurada a partir da forma como são distribuídos os meios e faculdades processuais e a forma como são sujeitos aos deveres e ónus processuais, todos previamente ancorados na lei processual.

No *final do jogo*, poder-se-á avaliar se ambas as partes possuíram as mesmas hipóteses de o ganhar. Isto é, a igualdade de armas pressupõe uma paridade de hipóteses de sucesso na lide[88]. Possibilidades de sucesso que são, entenda-se, completamente distintas do direito substantivo em discussão e do mérito da acção. Apenas

---

[86] *Cfr.* REIS NOVAIS, ob. cit., p. 109, quando afirma que: «*De resto, será ilusória a pretensão de encontrar uma resposta mecânica ou critérios objectivos indiscutíveis que nos permitam resolver os casos difíceis de igualdade*».

[87] MONTELEONE, ob. cit., p. 19, refere que as acções e omissões das partes devem ter o mesmo peso aos olhos do juiz.

[88] Neste exacto sentido, REMO CAPONI, ob. cit., p. 282.

desta forma se poderá alcançar a almejada solução justa, isto é, se forem concedidas aos litigantes iguais oportunidades de demonstrar a bondade dos seus casos e a força das provas que apresentam. Em suma, a solução será justa se direitos e deveres forem efectivamente iguais para todas as partes.

De uma tal concepção do princípio em crise resulta a asserção de que, fora dos casos previstos na lei – e, em certa medida, mesmo nestes[89] – a actuação do juiz enquanto garante de uma igualdade material de oportunidades poderá ser altamente perturbadora do equilíbrio entre as partes. Na verdade, o juiz deixa de estar centrado na análise dos factos e da prova e, depois, nos argumentos jurídicos das *várias soluções plausíveis* para a causa, para passar a procurar um equilíbrio de igualdade de oportunidades das partes. Enfim, o juiz deixa de *investigar*[90] a verdade para chegar à justiça, para se dedicar a descobrir o caminho para uma igualdade de oportunidades entre as partes. O processo passa, assim, de instrumento que visa assegurar a realização dos direitos substantivos em litígio a instrumento de garantia de uma pretensa *igualdade jurídico-material*, o que gera consequências inegavelmente nefastas para a igualdade de armas com o sentido que defendemos.

Não concordamos, por isso, com o exemplo formulado a este respeito por TEIXEIRA DE SOUSA e com a solução que propõe: «*Suponha-se que o juiz aplica a uma das partes uma multa num determinado montante e que, depois disso, deve aplicar à outra parte, por um comportamento idêntico desta, uma outra multa, pode discutir-se se esta segunda multa deve possuir um quantitativo idêntico à primeira ou se este montante deve ser corrigido*

---

[89] *Vide*, por exemplo, o artigo 145.º, n.º 7, do CPC.
[90] Aqui necessariamente em sentido figurado.

(para mais ou para menos) de acordo com a situação económica da parte. A resposta é especialmente melindrosa, mas o art.º 3.º-A parece impor que, na aplicação dessa sanção processual, o juiz atenda à desigualdade económica das partes e, portanto, defina o montante da multa de acordo com as capacidades económicas dos litigantes»[91]. Em bom rigor, a solução apontada preconiza que na *distribuição* de uma sanção processual o juiz deve atender a factores extraprocessuais e anteriores ao próprio processo. O critério que define a equidistância entre as partes e entre as partes e o tribunal deixa de ser o critério processual e passa, por consequência, a ser um critério material, o que, veremos, causa grave perturbação quer na *equidistância processual*, quer na própria tramitação dos processos.

Para que melhor se compreendam as nossas preocupações, tome-se o exemplo do insigne professor mas assuma-se que A reclama de B uma indemnização por violação dos seus direitos de personalidade, resultante de uma actividade de B causadora de ruído *socialmente intolerável*. Em dado momento do processo, B apresenta um requerimento, solicitando a junção aos autos de diversos documentos, para prova de factos constantes da sua contestação sem, contudo, apresentar qualquer justificação para a sua apresentação tardia (art.º 523.º do CPC). Após o decurso do prazo concedido a A para que este se pronunciasse sobre aquele requerimento, e não tendo este exercido qualquer contraditório, o juiz admite a junção tardia dos documentos mas condena B em multa no valor de duas unidades de conta. Mais tarde, A apresenta nos autos documentos para prova de factos narrados na sua petição inicial sem, também, ensaiar qualquer justificação para a sua apresentação tardia. B é notificado

---

[91] TEIXEIRA DE SOUSA, *Estudos...* cit., p. 45.

para se pronunciar sobre a junção daqueles documentos mas nada diz. O juiz da causa decide admitir os referidos documentos mas terá igualmente que aplicar uma multa pela junção tardia. *Quid Juris*? Deverá o juiz atender à situação económica de ambas as partes na fixação desta segunda multa?

Compreende-se o propósito (justo) de garantir uma efectiva igualdade material das partes mas, como se pode observar, à luz do processo, os comportamentos das partes são absolutamente idênticos, merecedores, por isso, de igual sanção processual. Se se pugnar que o juiz deve atender às condições económicas das partes, então o critério deixará de ser a forma como estas exerceram as suas faculdades processuais ou cumpriram os deveres e os ónus que lhes caberia cumprir, de como estas actuam no processo e, ao invés, passará a ser um critério exterior ao processo, não adjectivo e, neste caso, puramente subjectivo.

Para além disso, como deverá o juiz avaliar a situação económica das partes? A concretização que demos ao exemplo não é inocente e visa tão-só demonstrar que nem todos os litígios permitem ao juiz ter uma ideia precisa e objectiva sobre as desigualdades (económicas) das partes, o que significa que das duas uma: ou o juiz decide com base em *impressões*, *suspeições* ou meras presunções que possa ter sobre as diferentes possibilidades (económicas) das partes ou terá que causar um incidente na instância para averiguar sobre essas possibilidades. Em qualquer dos casos, a solução não é tão bondosa quanto a intenção. Antes pelo contrário, na primeira solução o juiz estaria a exprimir-se e a decidir com base em juízos puramente subjectivos sobre as partes, ou sobre as suas condições económicas, revelando imediatamente uma pré-compreensão que nada tem que ver com o objecto do litígio e, na segunda, estaria a abrir um grave precedente para a economia e celeridade do processo, sendo certo que ambas as soluções imbricariam, como é óbvio, quer com a sua imparcialidade[92], quer com a paridade das partes, podendo mesmo, em certos casos limite, bulir com os direitos de acção e defesa[93].

Por outro lado, a igualdade de oportunidades no processo jamais poderá ser alcançada por intermédio do juiz[94], pelo que, mesmo considerando a bondade das intenções, tal objectivo perderia toda a sua razão de ser. Em bom rigor, como verificámos no exemplo das multas processuais, o juiz não pode, mesmo que se conceba o art.º 3.º-A do CPC como um programa de combate à desigualdade de oportunidades – ou, dito de outra forma, como garantia de uma igualdade material no uso de meios processuais e na sujeição a deveres e ónus – fazer face às desigualdades que estão presentes em todos os momentos da vida e, bem assim, no processo. Esse *combate* há-de ser travado pelo legislador, que goza, ainda, de certa margem de discricionariedade ou de conformação nas opções a realizar para atingir a meta de uma igualdade de facto e, neste pressuposto, para um verdadeiro acesso ao direito.

Num exemplo, a propósito do art.º 525.º do CPC – que concede às partes a faculdade de junção ao processo de pareceres de advogados, professores ou técnicos – que consideramos um *caso difícil de igualdade*, evidenciando as dificuldades e os perigos da solução

---

[92] Como faz notar GIULIANA CIVININI, *Il nuovo articolo 111 della Costituzione e el "giusto processo civile". Le garanzie*, in *Il nuovo...*, ob. cit., p. 275, «*o problema da imparcialidade diz respeito, sobretudo, à gestão do processo e, em particular, aos poderes do juiz e respectivo exercício*».

[93] Imagine-se, por exemplo, que o juiz permite a uma das partes a apresentação de uma contestação fora de prazo, por considerar que esta não tinha condições económicas ou culturais ou sociais para a apresentar a sua defesa em tempo ou no prazo concedido pela lei processual. Tais excepções poderão bulir com o direito do autor a uma tutela judicial eficaz e em tempo útil.

[94] Aparentemente em sentido contrário: ABÍLIO NETO, *Código de Processo Civil Anotado*, 18.ª ed., Ediforum, 2004, p. 39.

contrária à que aqui defendemos, imagine-se o seguinte: uma grande empresa multinacional, A, propõe uma acção declarativa com processo comum ordinário contra B, pessoa singular de fracos recursos económicos, exigindo-lhe uma indemnização por incumprimento contratual. B defende-se na acção, invocando, entre outras coisas, a nulidade da cláusula penal que, no contrato estabelecido entre ambas, fixa o *quantum* indemnizatório demandado por A. Imagine-se agora que a solução jurídica do caso é verdadeiramente espinhosa e complexa. A empresa A, considerando que celebrou milhares de outros contratos com os seus clientes, os quais incluíam cláusulas idênticas àquela cuja invalidade é suscitada por B e, por conseguinte, avaliando a gravidade dos efeitos futuros advenientes do potencial precedente de uma decisão desfavorável, solicita parecer ao professor X, autor de diversas obras sobre o assunto e considerado nos meios académicos e judiciais como uma *autoridade* naquelas matérias, juntando-o ao processo. Notificado da junção do parecer, o mandatário judicial de B informa-o do sucedido e solicita-lhe autorização para contactar o eminente professor Z, que sabe defender, na sua reconhecida obra, posição contrária à do professor X. B, por sua vez, informa o seu mandatário que aufere cerca de 500 € mensais, que pagar as custas do processo e os seus honorários constitui para si uma grande dificuldade e que não tem condições económicas que lhe permitam solicitar um parecer ao professor Z ou, aliás, a quem quer que seja. A acção segue os seus termos apenas com o parecer do professor X junto por A. Mais uma vez, *Quid Juris?*

À luz do art.º 3.º-A e demais normas do CPC, o que deverá e poderá o juiz decidir? Deverá o juiz ordenar a elaboração de parecer em sentido contrário ao apresentado por A, cujos custos deverão ser suportados pelos cofres dos tribunais ou por qualquer outra entidade pública? Ou deverá o juiz ordenar à secretaria judicial o desentranhamento do parecer junto por A?

As respostas às questões formuladas não poderão deixar de ser concludentemente negativas e variados são os motivos que as impõem. Desde logo, porque todo «(…) *o julgamento provém de um homem, que está vivo e tem uma alma. Todo o processo é movimento, vida e alma de quem julga e é julgado.*»[95]. O juiz é homem, e como homem que é já será empresa árdua abstrair-se das suas próprias circunstâncias, convicções e preconceitos, atribuir-lhe este tipo de missão, que designaremos de *assistência material*, resultará para ele numa desprotecção perante factores que nada têm que ver com o objecto da lide e que poderão, naturalmente, influenciar o seu juízo. Se o juiz do processo civil é incumbido de investigar e controlar as desigualdades fácticas entre as partes – ainda que estas, não olvidamos, possam ser relevantes para o processo e para o exercício dos seus direitos –, então estar-se-á a abrir a porta para a perda de imparcialidade e neutralidade, para o preconceito e para a pré-compreensão das causas.

De facto, não nos parece que o juiz possa ou deva assumir esse papel assistencial, com o qual estaria definitivamente comprometida, quer a sua neutralidade[96], quer a igualdade de armas entre as partes, uma vez que as correcções a efectuar conduziriam a graves imparidades. Em bom rigor, o juiz teria que assumir o papel de parte, teria que participar no processo simultaneamente nas vestes de parte e nas vestes de juiz e a balança estaria definitivamente desequilibrada. Um e outro papel são inexoravelmente incompatíveis e da sua confusão poderá resultar um descontrolado *activismo judiciário*[97-98].

---

[95] PAULA COSTA E SILVA, ob. cit., p. 110.

[96] Neste sentido, LEBRE DE FREITAS /JOÃO REDINHA/RUI PINTO, *Código…*, ob. cit., p. 11.

[97] Para uma noção de *activismo judiciário vide* ALEXANDRE MÁRIO PESSOA VAZ, *Direito Processual Civil*, 2.ª ed., Almedina, 2002, pp. 311 e sgs.

[98] A mesma ideia parece defender REMO CAPONI, ob. cit.

Não ignoramos que, em variadíssimas situações, encontraremos exemplos de como as desigualdades de facto poderão, potencialmente, gerar desequilíbrios no exercício de direitos processuais, como neste exemplo em que uma das partes com parcos recursos económicos deixa de estar em iguais condições de influenciar a decisão final. Negar um papel de *assistência material* ao juiz não implica negar que as desigualdades de facto – e, note-se, essas desigualdades não são exclusivamente de cariz económico – poderão resultar numa verdadeira perda de efectividade no exercício dos *direitos processuais fundamentais* e, inclusive, gerar graves injustiças materiais. Negar essa dimensão ao princípio da igualdade de armas não significa negar tutela para as desigualdades de oportunidades com reflexos no processo.

Antes pressupõe, pelo contrário, que é ao legislador que cabe criar as condições para eliminar e atenuar essas desigualdades. Tais questões deverão ser resolvidas antes e depois do processo, deixando ao juiz o que é do juiz, designadamente mediante uma legislação de patrocínio/apoio judiciário e de custas processuais verdadeiramente integradora dos mais desfavorecidos mas, preferencialmente, deixando o juiz da causa fora desses procedimentos. No limite, é certo, poderá o julgador suscitar alguma questão de inconstitucionalidade e desaplicar a norma que considere não respeitar o art.º 13.º ou o art.º 20.º, ambos da CRP, mas tal não pressupõe já um especial *voluntarismo* do juiz.

As desigualdades de oportunidades anteriores ao processo poderão, e deverão, ser corrigidas mas a sua tutela inclui-se no âmbito do acesso aos tribunais – sendo este «*um acesso materialmente informado pelo princípio da igualdade de oportunidades*»[99] – e não

---

[99] GOMES CANOTILHO, *Direito...*, cit., p. 456.

especificamente no âmbito da igualdade de armas. Se a lei estabelece uma dada faculdade processual, o juiz interpreta essas normas à luz deste princípio e concede igual tratamento às partes no uso dessa faculdade, não haverá qualquer violação deste princípio se a parte não tiver condições económicas para dele fazer o melhor uso possível. Essa problemática deverá ser deslocada para aquela outra do acesso aos tribunais.

Pretendemos, pois, significar que reconhecer no art.º 3.º-A do CPC um comando dirigido ao juiz para que este corrija as desigualdades materiais poderá implicar uma grave distorção do ponto de vista da igualdade formal das partes, introduzindo no processo um conjunto de factores que lhe são exteriores, não processuais e, em muitos casos, subjectivos. O caminho para um processo verdadeiramente justo, em que as desigualdades de partida possam ser eliminadas ou atenuadas, não pode ser realizado à custa do equilíbrio posicional das partes perante o juiz. O mesmo será dizer que esse caminho terá de ser alcançado fora do processo e sem a intervenção do juiz da causa.

Com todo o respeito por opiniões diversas[100] daquela que temos vindo a desenvolver, julgamos não ser de admitir que se considere o princípio de igualdade de armas numa acepção social e, ao mesmo tempo, se lhe negue qualquer campo de acção ou operatividade. Isto é, se se conceber aquele princípio também como realização de uma *vertente social* do princípio da igualdade e se se atribuir ao juiz uma função de *assistência material*, então ter-se-ão de identificar no processo, quer em abstracto, quer em concreto, todas as situações susceptíveis de gerar um desequilíbrio nas posições das

---

[100] PESSOA VAZ, ob. cit., p. 321, parece acompanhar aqueles autores que defendem uma função assistencial do juiz na reposição das igualdades de facto.

partes e propor a respectiva correcção pelo juiz. Afinal de contas, no âmbito do processo, e das respectivas exigências pragmáticas, de nada valerá reconhecer ao princípio uma dimensão que, na prática, se revele inoperante ou, sob pena de arbítrio, deixar ao critério discricionário do julgador quando deve ou não deve actuar na correcção das desigualdades de oportunidades.

Em igual sentido, parecem militar as ideias de REMO CAPONI[101] que preconiza, em termos claros, a existência de dois planos distintos: o plano extraprocessual, no qual deverá ser assegurada uma participação paritária efectiva e, distintamente, o plano processual em que a igualdade de armas deverá ser assegurada através de uma predeterminação paritária dos poderes processuais. Aliás, antes de nós, chegou aquele autor a conclusão semelhante à que agora pugnamos quando afirmou que o problema do contraditório em condições de paridade levanta a questão complexa de saber «(...) *se um aumento dos poderes do juiz ou, de qualquer forma, um exercício mais activo dos poderes judiciais de estímulo e solicitação, possa ou deva contribuir para remediar o impedimento a uma efectiva participação no desenvolvimento da actividade processual pelas partes ou de remover os obstáculos de ordem económica e social»*, sendo certo que, tal como defendemos, conclui por uma propensão para «(...) *uma resposta negativa associada à convicção que certas intervenções legislativas em preparação, ainda que louváveis nos propósitos, abrirão caminho a um activismo do juiz, não suficientemente controlado pelo crivo do contraditório»*[102].

Da mesma forma, acompanhamos LEBRE DE FREITAS/JOÃO REDINHA/RUI PINTO quando pugnam que não se pode ver no papel assistencial do juiz uma realização do princípio da igualdade de

---

[101] Ob. cit., p. 286.
[102] *Ibidem.*.

armas[103-104]. O poder-dever de o juiz convidar as partes a suprir deficiências dos seus articulados (*cfr.* art.º 508.º, n.º 2, do CPC) não constitui um corolário do princípio da igualdade de armas numa pretensa vertente de eliminação das desigualdades de oportunidades. Aí a justificação há-de residir numa correcta instrução da causa e na necessidade de o juiz possuir um mínimo de condições para dar solução à controvérsia e não num papel, por este assumido, de corrector de desigualdades materiais.

Perante o art.º 3.º-A do CPC, permanece premente a resposta para a questão: afinal, que igualdade de armas?

Tudo visto e ponderado, cremos que o sentido de *"igualdade substancial"* só poderá significar uma igualdade efectiva ao longo de todo o processo ou, como também propõem LEBRE DE FREITAS/ RUI PINTO, a igualdade de armas «*deve, quando inatingível em termos de igualdade formal absoluta, ser garantida no plano do equilíbrio global do processo*»[105]. Isto é, como mencionámos anteriormente, aceite a necessidade de *tutelas diferenciadas* por diferentes serem os direitos a tutelar, jamais será possível uma identidade formal absoluta de posições das partes, pelo que, na margem de conformação da lide de que goza, o juiz deverá assegurar a paridade entre as partes no exercício de faculdades processuais ou na sujeição a deveres e ónus processuais[106].

---

[103] LEBRE DE FREITAS/JOÃO REDINHA/RUI PINTO, *Código....*, cit. p. 11-12.

[104] Em sentido idêntico, LOPES DO REGO, *Comentários ao Código de Processo Civil*, vol. I, 2.ª ed., 2004, p. 38. e, em sentido contrário, TEIXEIRA DE SOUSA, *Introdução...*, cit., p. 52.

[105] Ob. cit., p. 12.

[106] LOPES DO REGO, *Comentários...*, ob. cit., *p. 39*, escreve que «*Neste entendimento, a qualificação da igualdade de partes como "substancial" mais não pretenderá significar que ela não se basta com uma pura simetria formal de estatutos processuais (aliás, em muitos casos, de realização prática impossível, dadas as disparidades de tratamento que radicam na própria "natureza das coisas"), mas que ambas devem beneficiar de idênticas oportunidades para alcançarem uma justiça substancial, traduzida na justa composição do litígio*».

Todavia, o *«jogo de compensações»* a que se referem aqueles autores só pode ser entendido à luz das normas processuais e da distribuição de direitos e deveres que estas operam ou, nos casos em que estas forem omissas, gerando verdadeiras lacunas, à luz dos princípios que as enformam, não podendo, em caso algum, significar uma análise casuística do desempenho das partes, da estratégia processual, da forma, mais ou menos eficiente, como exercem as suas faculdades e, muito menos, das suas carências económicas, sociais e culturais.

O melhor exemplo será, porventura, o caso que constitui objecto do presente trabalho. Nos procedimentos cautelares *ex parte*, por necessidade de acautelar a eficácia das providências requeridas e, consequentemente, do próprio procedimento, são restringidos os direitos processuais do requerido (defesa, igualdade de armas, contraditório). O art.º 3.º-A do CPC, na acepção que pugnamos, impõe que, entre as normas que estabelecem o regime processual destas providências, se encontre a solução (interpretativa) que melhor reponha o equilíbrio perdido entre as partes. O princípio é, assim, entendido de forma dinâmica, sendo que essa exigência decorre simultaneamente do dinamismo do próprio processo e da necessidade de reequilibrar posições diferenciadas em função das diferentes formas de tutela estabelecidas legalmente – em alguns casos por imperativo constitucional – ou das próprias incidências do processo.

III.

A (DES)IGUALDADE DE ARMAS NOS PROCEDIMENTOS CAUTELARES SEM AUDIÊNCIA DO REQUERIDO

Se, porventura, uma natureza ou função meramente instrumental das providências cautelares, por referência às *acções principais*, pode ser hoje questionada[107], a verdade é que a opção do legislador por um tipo de tramitação processual com dispensa do contraditório do requerido não deixa de revelar a instrumentalidade dessa opção em relação ao próprio procedimento cautelar. Recorde-se que a não audição do requerido visa salvaguardar o *fim* ou *a eficácia* do procedimento e embora no âmbito dos procedimentos cautelares especificados[108] de restituição provisória da posse e arresto (art.os 394.º e 408.º, n.º 2, do CPC) a não audição do requerido seja determinada *ex lege,* nem por isso deixa de ser uma exigência de garantia de eficácia dessas providências[109].

---

[107] *Vide*, por todos, RUI PINTO, *A Questão...*, cit., em especial, pp. 46-53.

[108] No nosso estudo, as diferenças entre os procedimentos cautelares comuns sem audiência do requerido, os procedimentos cautelares de arresto e de restituição provisória da posse relevam, apenas, ao nível da tramitação processual.

[109] Impõe-se, todavia, uma importante nota: a dispensa do contraditório do requerido nas providências cautelares de restituição provisória da posse prende-se, sobretudo, com um motivo de celeridade e não tanto com o *perigo* decorrente para o fim da providência decorrente do conhecimento do requerido sobre o respectivo procedimento. *Vide,* com relevância para o que afirmamos, por todos, ALBERTO DOS REIS, *A Figura...*cit., p. 41-32.

Se recorrermos ao exemplo de RITA LYNCE DE FARIA em que no topo da pirâmide se encontra o direito substantivo que «(…) *é aplicado ao caso concreto através do direito processual adjectivo, em face daquele e que, por isso, se encontra no meio da pirâmide*»[110-111], diríamos que na base da pirâmide, depois dos procedimentos cautelares em geral, se encontram os procedimentos cautelares sem audiência do requerido que, nesta perspectiva, constituem um *terceiro grau de instrumentalidade* de protecção em relação ao direito substantivo. Para o nosso estudo, mais do que discernir a natureza e a função dos procedimentos cautelares, interessa verificar que a possibilidade de exclusão do requerido constitui um dado excepcional do processo civil.

Na verdade, frequentemente, a não audição do requerido é pensada como uma excepção ao princípio do contraditório, e embora a ideia nos pareça acertada, até porque resulta de norma expressa (art.º 3.º, n.º 2, do CPC), a sua formulação requer alguma precisão. Com efeito, os princípios em crise com a não audição do requerido são, evidentemente, os princípios do processo equitativo, da igualdade de armas e do contraditório, de um lado, e os princípios da tutela judicial efectiva e da celeridade, do outro. No entanto, a não audição do requerido não implica uma verdadeira excepção àquele primeiro conjunto de princípios, o afastamento dos mesmos ou a sua invalidade, mas uma restrição ou compressão dos mesmos, justificada pelos últimos. São princípios com um peso significativo no nosso ordenamento jurídico, designadamente no processo civil

---

[110] *A função Instrumental da Tutela Cautelar não Especificada,* UCE, 2003, p. 34.

[111] Em sentido idêntico, embora com formulação distinta, TEIXEIRA DE SOUSA, *Estudos…,* cit. p. 229.

em que se têm por princípios fundamentais ou estruturantes[112], mas, como todos os princípios, constituem «*requisitos de justiça ou equidade*»[113] , «*imperativos de optimização*»[114], que não admitem verdadeiras excepções mas, antes, quando conflituantes, apenas restrições ou compressões.

Não poderemos abordar a temática da colisão de direitos ou princípios de forma aprofundada e louvamo-nos, por isso, no intenso labor doutrinal sobre a mesma[115] mas, neste estudo, a referência que lhe fazemos parece-nos obrigatória, uma vez que este ponto de partida, digamos assim, exige que a solução a dar ao conflito[116] entre os princípios da tutela judicial efectiva e da celeridade da justiça que protegem o requerente e, por outra via, os princípios do processo equitativo, da igualdade de armas e do contraditório que

---

[112] *Cfr.*, CASTRO MENDES, ob. cit., p. 181 e 194-198; M. ANDRADE, ob. cit., pp. 377-378; LUSO SOARES, pp. 471-472 e pp. 477 e sgs.; TEIXEIRA DE SOUSA, *Introdução...*, cit., pp. 51 e 53; LEBRE DE FREITAS; *Revisão...*, p. 417; JOSÉ JOÃO BAPTISTA, *Processo Civil*, I, Coimbra Editora, 2006, pp. 73 e 77.

[113] RONALD DWORKIN, *Taking Rights Seriously*, Duckworth, 2005, p. 22 e sgs. Para o autor os princípios distinguem-se das regras (*rules*), pois embora ambos forneçam sentidos de decisão sobre as obrigações legais em determinadas circunstâncias diferem, no entanto, quanto ao tipo de comando que fornecem. Enquanto as normas funcionam de uma forma *all-or-nothing*, já os princípios podem, no caso concreto, ter de ceder perante outros princípios, mas não deixam de ser justos.

[114] ROBERT ALEXY, *Theorie der GrundRechte*, Centro de Estudios Políticos y Constitucionales, Madrid, 2002, p. 82 e sgs. O autor explica como os princípios são normas que ordenam que algo seja realizado na maior medida do possível, tendo em conta as possibilidades jurídicas e reais existentes, não podendo admitir verdadeiras excepções ou, de outra forma, a invalidade quando em situação de conflito. Já as regras são normas que só podem ser cumpridas ou não. Se uma regra é válida há-de cumprir-se a sua estatuição, nem mais, nem menos, de acordo com a sua previsão do que seja fáctico e juridicamente possível.

[115] Por todos, as obras citadas de DWORKIN, ALEXY, JOSÉ CARLOS VIEIRA DE ANDRADE e VITALINO CANAS.

tutelam o requerido, se procure o ponto de conformação que melhor optimize cada um deles – ou, noutra formulação, que implique a menor cedência por parte de cada um[117] – e, simultaneamente, que impeça um *baixar de braços* perante o regime positivo das providências cautelares sem audiência do requerido e a *praxis* jurisprudencial sobre as mesmas, que frustre a indagação sobre resultados (mais) justos.

No que respeita aos procedimentos cautelares comuns sem audiência do requerido, tanto a nossa doutrina[118], como a própria jurisprudência do Tribunal Constitucional[119], são unânimes em

---

[116] Independentemente da opção por um concreto modelo de resolução de conflitos entre princípios de igual valor, como por exemplo, os modelos de *relação de precedência condicionada* (*vide*, ALEXY, ob. loc. cit, pp. 87-94) e de *concordância prática* (VIEIRA DE ANDRADE, *Os Direitos Fundamentais da Constituição Portuguesa de 1976,* Almedina, 3.ª ed., 2004, pp. 320 e sgs.).

[117] Segundo os ensinamentos de VIEIRA DE ANDRADE, o princípio da concordância prática executa-se através *de um critério de proporcionalidade na distribuição dos custos do conflito*. Assim, genericamente, a concordância resulta na ponderação da medida em que cada princípio ou direito (fundamental) deve ceder para resolver o caso concreto sem que o seu núcleo essencial seja comprimido.

[118] ALBERTO DOS REIS, *Código de Processo Civil Anotado,* vol. I, Coimbra Editora, 1982, pp. 3 e 689; MANUEL DE ANDRADE, ob. cit., p. 9; L. P. MOITINHO DE ALMEIDA, *Providências Cautelares não Especificadas*, Coimbra Editora, 1979, pp. 55-60; ANSELMO DE CASTRO, *Direito Processual Civil Declaratório*, vol. I, Almedina, 1982, pp. 154-155; CASTRO MENDES, ob. cit., p. 196, ANTUNES VARELA/ J. MIGUEL BEZERRA/SAMPAIO E NORA, ob. cit., p. 25, nota 1; LUSO SOARES, ob. cit., p. 478; TEIXEIRA DE SOUSA, *Estudos...,* cit., pp. 47, 227 e 230 e *Introdução...*cit., p. 54; LEBRE DE FREITAS/JOÃO REDINHA/RUI PINTO, *Código...II*, cit. p. 24; RITA BARBOSA DA CRUZ, *O arresto*, O Direito, Ano 132, 2000, pp. 129-130; ABRANTES GERALDES, ob. cit., pp. 187 e sgs.; LOPES DO REGO, *Código...*, cit., pp. 26-27 e 352; JORGE MIRANDA, *Constituição...,* cit., p. 197; GOMES CANOTILHO/VITAL MOREIRA, *Constituição...*cit., pp. 416-417.

[119] ACTC n.os 337/99, 598/99 e 131/02 (este quanto à suspensão ou destituição de titulares de órgãos sociais, *cfr.* art. 1484-B do CPC).

apontar quer a necessidade da restrição, quer a própria restrição dos direitos do requerido resultante da sua não audição, em prol da eficácia dos procedimentos judiciais. Conforme se afirma em aresto do Tribunal Constitucional, não obstante o carácter fundamental (e constitucional) dos princípios, *maxime* do contraditório, eles terão que «(...) *ceder face à necessidade de eficácia de determinadas medidas judiciais, inoperantes se precedidas de audiência da parte contra quem são requeridas»*[120].

No âmbito da lei ordinária, à protecção do *fim* da providência, prevista no anterior art.º 400, n.º 2, do CPC, veio a lei, no actual art.º 385.º, n.º 1, acrescentar a protecção da sua *eficácia*. Não somos originais em afirmar que esta alteração não trouxe nada de novo[121]. Quanto a nós, a norma deverá ser lida no sentido de que, ao proferir o despacho do art.º 385.º, n.º 1, o juiz deverá ter em consideração o facto de o conhecimento do procedimento por parte do requerido poder frustrar o fim com que o requente solicita uma ou mais providências e/ou o facto de a demora causada pela audição do requerido poder frustrar a utilidade das mesmas. Assim, nesta norma releva sobretudo a menção a um *risco sério* que, sublinham LEBRE DE FREITAS/ MONTALVÃO MACHADO/RUI PINTO, permite concluir pela exigência de *um aumento do perigo* que seja *objectivo* e *substancial*[122]. Em todo o caso, consensual será sempre que as normas que prevêem a dispensa da audiência do requerido,

---

[120] ACTC 598/99, DR, II Série, de 20.03.2000, também citado no ACTC 131/02.

[121] Aliás, já na vigência do código de 1939, ALBERTO DOS REIS sentenciava, nas suas sempre sábias palavras, que «*O critério de orientação do magistrado deve ser este: ordenará a providência sem citação do adversário quando reconheça que a audiência dele pode pôr em risco a utilidade da providência ou comprometer o fim com que com ela se pretendia obter*».

[122] *Código...*, II, p. 25.

ou a possibilidade de dispensa, se fundam no direito à tutela judicial efectiva (art.º 20.º, a própria epígrafe, e os n.ºs 1 e 5 da CRP) mas, também, no direito à decisão da causa em tempo razoável com o qual se encontra «*estreitamente relacionado*»[123], já que tão necessário como assegurar a concessão de meios para a salvaguarda de direitos e interesses, será assegurar que esses meios se pautem pelo princípio da eficácia, sob pena de, em concreto, se revelarem inúteis.

Portanto, a não audiência do requerido representa uma (justificada) cedência dos princípios do processo equitativo, da igualdade de armas e do contraditório aos princípios da tutela judicial efectiva e da celeridade das decisões judiciais, sendo importante para a nossa empresa determinar quais os efeitos dessa restrição.

III.I Os efeitos da restrição fundamental

O principal efeito da não audição do requerido consiste na própria restrição – que denominaremos de *restrição fundamental* – que gera no princípio do processo equitativo, por via da compressão dos princípios do contraditório e da igualdade das partes. Tradicionalmente, como vimos, a questão é encarada como excepção ao princípio do contraditório. De facto, o efeito imediato da tomada de uma decisão judicial sem audição do requerido configura uma restrição intensa do princípio do contraditório, já que este é confrontado com uma decisão judicial a que tem de obedecer – sob pena de incorrer na prática de um crime de desobediência qualificada (*cfr*. art.º 391.º do CPC) –, mas sem que anteriormente tenha sido

---

[123] Sobre uma relação estreita entre os princípios, *cfr.* GOMES CANOTILHO/ /VITAL MOREIRA, *Constituição...*, p. 417.

informado sobre a existência de um procedimento judicial destinado à obtenção dessa decisão e, por conseguinte, sem que, previamente, lhe tenha sido concedida qualquer oportunidade de influenciar essa decisão, quer por uma tomada de posição quanto aos factos e às questões de direito suscitadas pelo requerente, quer quanto ao controlo de produção de prova do requerente, quer ainda quanto ao direito de apresentar a sua prova. A decisão que decreta a providência surge, assim, como uma verdadeira *decisão surpresa,* que pode ser mais ou menos lesiva quanto mais ou menos justificada for.

Os efeitos desta *restrição fundamental* sobre o princípio da igualdade de armas poderão não ser tão óbvios quanto possa, à primeira vista, parecer. A parametrização que ensaiámos no capítulo anterior obriga a considerar que o princípio da igualdade de armas é restringido de forma intensa quando uma decisão judicial, potencialmente lesiva de direitos, é tomada sem que o seu principal visado tenha tido as mesmas possibilidades que a contra-parte para influir no desfecho do processo que conduziu à sua produção.

O mesmo será dizer que, ao longo do processo que antecedeu a decisão que decreta a providência – e que integrará, nos termos do art.º 388.º, n.º 2, a decisão final –, o requerente possui diversos meios e faculdades para obter a decisão que reclama como justa ou, noutros casos, que lhe convém[124] e, ao invés, o requerido não possui qualquer meio para influenciar o indeferimento total ou parcial da pretensão deduzida pelo requerente, o que evidentemente gera uma imparidade, ainda que momentânea, bastante acentuada.

---

[124] Como alerta ABRANTES GERALDES, «*(…) o sistema convive com a possibilidade de ser adoptada uma medida cautelar causadora de prejuízos ao requerido (…) Basta que na sua actuação o requerente falseie a matéria de facto ou manipule os meios de prova ou que o juiz erradamente se convença de uma certa realidade*».

De outra forma, a própria existência de uma decisão judicial, apesar de sumária e provisória[125], e não obstante ter de ser integrada com a decisão que se produzir após o contraditório do requerido (art.º 388.º, n.º 2), constitui em si mesma um factor de imparidade. Em rigor, ao contrário do que sucede com a generalidade das acções declarativas e com os procedimentos cautelares em que não se verifique a dispensa de audiência, o requerido, depois de ser chamado ao processo, tem à partida de enfrentar não só o seu adversário, a narração que este faça dos factos controvertidos, os seus argumentos jurídicos, as suas provas e a sua técnica processual, mas, também, a própria existência de uma decisão judicial que, embora não constitua caso julgado (art.º 388.º, n.º 2, do CPC), jamais deixará de possuir uma carga probatória, argumentativa e, por que não, simbólica, aos olhos do juiz que terá de decidir sobre a sua oposição.

Requerente e requerido partem para a segunda fase do procedimento cautelar em condições desiguais. O requerente possui do seu lado uma decisão judicial que lhe é favorável e, no que for permitido participar na fase subsequente do procedimento, não deixará de procurar influenciar a manutenção dessa decisão. O requerido, se pretender inverter a situação, terá não só de fazer frente ao que o requerente haja trazido ou possa ainda vir a trazer ao processo, mas simultaneamente a uma decisão judicial e, nos casos em que optar por deduzir oposição[126], a uma certa e natural pré-compreensão que

---

[125] Vide MARIA DOS PRAZERES BELEZA, *Impossibilidade de alteração do pedido ou da causa de pedir nos procedimentos cautelares,* in Separata da Revista da Faculdade de Direito da Universidade Católica Portuguesa, vol. XI, tomo I, 1997, p. 342.

[126] O desequilíbrio poderá ser mais intenso caso o requerido opte por deduzir oposição, mas também estará presente em sede de recurso, designadamente se se atender a uma certa tendência *conservadora* dos nossos tribunais superiores – *quiçá* demasiado arreigada na segurança jurídica e na previsibili-

o juiz possa ter sobre o litígio. No todo da decisão final, metade dessa decisão, se assim se pode dizer, não é influenciada pelo requerido.

III.II O CONTRADITÓRIO DIFERIDO COMO CONTRADITÓRIO INEXO-RAVELMENTE DEFEITUOSO

Após a realização da providência, o requerido é notificado da decisão que a determinou (art.º 385.º, n.º 6) e poderá, então, exercer o contraditório *diferido* ou *adiado*, tendo à sua disposição duas opções distintas: ou recorre dessa decisão – se esta for recorrível nos termos gerais[127] – ou, em alternativa, deduz oposição (*cfr.* art.º 388.º, n.º 1, als. a) e b)).Trata-se, portanto, de um modelo alternativo de meios de reacção perante a decisão que determina a providência, que, ainda hoje, volvidos mais de dez anos sobre as alterações introduzidas pela reforma de 95/96, oferece justificadas dúvidas quanto ao real alcance de cada um dos meios de defesa disponibilizados ao requerido.

Com efeito, no que respeita ao regime instituído no art.º 388.º, n.º 1, do CPC, a nossa jurisprudência tem sufragado que o requerido pode recorrer da decisão que decreta a providência se conside-

---

dade das decisões judiciais –, sobretudo, e aqui compreensivelmente, no que respeita à alteração da matéria de facto por se considerar que o juiz da causa está mais próximo da mesma, nomeadamente da produção de prova e, por isso, em melhores condições de julgar. Portanto, na perspectiva do requerido, entre não ter de enfrentar uma decisão ou ter contra si uma decisão impugnável a primeira situação será sempre preferível.

[127] Note-se que, depois da entrada em vigor do DL n.º 303/2007, de 24.08, o artigo 678.º do CPC mantém a regra da recorribilidade das decisões em função do valor das alçadas, pelo que este meio processual pode estar vedado ao requerido.

rar que a prova produzida impunha decisão diversa quanto aos factos narrados pelo requerente e/ou se considerar que deveria ser outra a decisão de direito ou, em alternativa, poderá deduzir oposição, alegando novos factos ou apresentando novos elementos de prova *que possam afastar os fundamentos providência decretada ou determinar a sua redução*, mas não lhe será lícito, nesta sede, questionar os fundamentos jurídicos constantes dessa (primeira) decisão[128], sendo certo que, para além da alternatividade dos meios, resulta ainda uma certa incerteza quanto ao alcance dos mesmos, designadamente no que se refere à possibilidade da oposição constituir mera impugnação[129].

---

[128] ACSTJ, de 06.06.2000, proc. n.º 00A382 ACSTJ, de 20.10.98, proc. n.º 98A680; ACTRC, de 02.10.2007, proc. n.º 554/04; ACTRE, de 19.12.2006, proc. n.º 2169/06; ACTRL, de 29.01.2009, proc. n.º 10109/2008; ACTRL, de 07.02.3008, proc. n.º 2670/2007; ACTRL, de 29.03.2007, proc. n.º 692/07; ACTRL, de 15-02-2007, proc. n.º 10397/2006; ACTRL, de 13.02.2007 proc. n.º 9906/2006; ACTRL, de 27.09.2006, proc. n.º 1724/2006; ACTRL, de 15.05.2003, proc. n.º 2903/2003; ACTRL, de 10.02.2000, proc. n.º 0049016; ACTRL, de 15-12.99, proc. n.º 0014256; ACTR de 30.06.2005, proc. n.º 0533561; ACTRP, de 06.07.2001, proc. n.º 0120816; ACTRP, de 28.06.2001, proc. n.º 0130400.

[129] Atente-se que, paradigmaticamente, no ACSTJ de 06.06.2000, proc. n.º 00A382, parece ser proposta uma interpretação restritiva quanto ao facto de a oposição poder constituir mera impugnação (*novos elementos de prova*), como se pode verificar do seguinte excerto: «*Deduzida esta oposição, abre-se efectivamente o contraditório, contraditório esse que não põe em causa a anterior fixação da matéria de facto, pois que a oposição tem por finalidade a apresentação de outros factos que não foram anteriormente tidos em conta, dado que o requerido ainda não havia sido ouvido, de modo a afastar os fundamentos da providência ou determinar a sua redução. Com esta segunda fase da providência cautelar não se põe em causa a fixação da matéria de facto anteriormente consignada nos autos, a qual, conjugada com os novos factos, há-de levar à decisão de manter ou não o arresto* anteriormente decretado». *Vide*, no mesmo sentido, ACTRL de 13.02.2007, proc. n.º 9906/2006.

Quanto à doutrina que se tem debruçado sobre o tema, embora pareça aceitar pacificamente a alternatividade[130] dos meios de reacção à providência, pode constatar-se alguma divergência sobre o que é ou não permitido ao requerente deduzir em cada um deles, o que importa significativas consequências para a concretização prática daquele regime.

Neste sentido, JOSÉ LEBRE DE FREITAS/A. MONTALVÃO MACHADO/RUI PINTO assumem uma posição que diríamos menos restritiva pois, conquanto considerem que as excepções de conhecimento oficioso (com especial ênfase nas excepções dilatórias) só podem ser invocadas no recurso da decisão que decreta a providência, parecem defender que quando este não for admissível em virtude do art.º 678.º, n.º 1, ter-se-á de conceder ao requerido a faculdade de invocar esses mesmos fundamentos em sede de oposição[131].

Por seu turno, ABRANTES GERALDES, acompanhando genericamente a jurisprudência e a restante doutrina[132] quanto à função de cada um dos meios processuais ao dispor do requerido, entende que quando as excepções dilatórias dependam da apreciação de factos constantes do processo à data da decisão que decreta a providência, o meio de reacção adequado será o recurso de agravo (hoje também recurso de decisão interlocutória) mas se, de outra forma, a excep-

---

[130] LEBRE DE FREITAS/ MONTALVÃO MACHADO/ RUI PINTO, *Código...*, II, cit., p. 42, TEIXEIRA DE SOUSA, *Estudos...*cit., p. 231; RITA BARBOSA DA CRUZ, *Arresto...*, cit., p. 130; JORGE AUGUSTO PAIS DO AMARAL, *Direito Processual Civil*, 3.ª ed., Almedina, 2002, p. 33, ABÍLIO NETO, Código..., p. 540; ABRANTES GERALDES, *Temas...*, cit., p. 275; LOPES DO REGO, *Código...*, I, cit., pp. 356-357; HELDER MARTINS LEITÃO, *Dos Procedimentos Cautelares*, 10.ª ed., Almeida & Leitão, Lda., 2008, p. 45.

[131] *Cfr. Código...*II, cit., pp. 42-43.

[132] Por exemplo, RITA BARBOSA DA CRUZ, *Arresto...*, cit., p. 130, que reserva à oposição apenas a dedução de matéria factual nova, e ABÍLIO NETO, *Códgo...*, cit., p. 540.

ção resultar de novos factos ou de novos meios de prova, o meio adequado para a suscitar será já a oposição[133], tendendo a rejeitar a solução de interpretar extensivamente a al. b) do n.º 1 do art.º 388.º quando o requerido não esteja em condições de recorrer.

Por aqui se vê que, ao contrário do que se poderia supor e do que seria desejável, o contraditório do requerido encontra diversas e importantes limitações. A opção do requerido entre recurso e oposição é, na verdade, uma escolha sempre limitada, uma vez que, na interpretação prosseguida pela maioria da jurisprudência, não será possível ao requerido defender-se nos termos em que o poderia fazer se deduzisse oposição antes de ser decretada a providência, podendo tomar posição (simultânea) quanto aos factos e quanto aos argumentos jurídicos deduzidos pelo requerente, ou mesmo quanto a excepções dilatórias ou quanto a quaisquer outras questões, como por exemplo, nulidades processuais susceptíveis de influir no exame e decisão da causa.

Aqueles que defendam que o recurso da decisão que decreta a providência é o meio próprio para se deduzirem, por exemplo, excepções dilatórias, encontrarão sempre a limitação da recorribilidade da decisão, nos termos do art.º 678.º, n.º 1, do CPC. Limitação que se encontra, de igual forma, a jusante quanto à recorribilidade da decisão final no procedimento. Mas, ainda que a decisão seja recorrível, o requerido enfrentará sempre uma limitação do direito ao contraditório consistente em ter de optar por meios de defesa e de não poder defender-se, simultaneamente, quanto a todas questões que se lhe ofereça suscitar, sejam elas excepções dilatórias ou peremptórias, factos instrumentais e prova destinada a infirmar a decisão da providência ou novos factos e elementos de prova que

---

[133] *Temas..., cit.,* p. 246.

importem excepções. Assim, se o requerido pretender deduzir excepção de ilegitimidade (art.º 494.º, al. e), do CPC) não poderá, por exemplo, deduzir ao mesmo tempo matéria de facto, indicando os respectivos meios de prova, que vise infirmar o juízo sobre o *periculum in mora* e/ou afirmar a desproporcionalidade da providência, já que quanto à primeira questão terá de recorrer da decisão que decretou a providência (se puder, claro) e quanto às demais terá de deduzir oposição.

Note-se que, sob a esfera do princípio da concentração da defesa[134], seria na oposição que deveriam ser deduzidas todas as questões que importem à defesa do requerido. O desvio à regra, determinado pela entreposta decisão judicial, resulta numa importante limitação do contraditório e, na medida em que estabelece uma diferença significativa do alcance dos meios processuais disponibilizados ao requerente e ao requerido, da paridade das partes.

Por último, a acrescer a todos estes factores geradores de imparidade, surge, ainda, a questão da urgência dos procedimentos cautelares (*cfr.* art.º 382.º). Na verdade, conquanto pareça que a jurisprudência tem evoluído maioritariamente no sentido de considerar que os procedimentos cautelares não perdem o seu carácter urgente depois da primeira decisão ou mesmo depois da decisão final em primeira instância[135], subsiste, contudo, uma certa incerteza em torno do alcance das normas do art.º 382.º, e numa, ainda que não

---

[134] MANUEL DE ANDRADE, ob. cit., p. 139: «*O princípio está no artigo 486.º, n.º 1. De acordo com ele todos os meios defensivos que o Réu pretenda valer-se devem constar deste articulado: de outro modo não são atendíveis: ficam precludidos*». Vide, também, os art.ºs 96.º, n.º 1, 488.º, 489.º, 490.º, 493.º e 494.º do CPC.

[135] *Cfr.* ACSTJ, de 03.06.08, proc. n.º 08A1873; ACSTJ, de 28.09.2006, proc. n.º 06A1701; ACTRC, de 23.01.2007, proc. 2352/06.0TJCBR; ACTRE, de 12.07.2007, proc. 1313/07; ACTRE, de 09.01.2003, proc. n.º 1982/02; ACTRL, de 12.07.2007, proc. n.º 4047/07; ACTRL, de 07.12.2004, proc. 7691/

exaustiva, análise jurisprudencial, não raro será encontrar decisões que pugnam por uma interpretação restritiva daqueles preceitos, segundo a qual a urgência dos procedimentos cautelares cessa com o seu decretamento ou, na melhor das hipóteses, com a decisão final em primeira instância[136-137].

Em concreto, a opção por uma urgência limitada dos procedimentos cautelares pressupõe o estabelecer de um regime processual em que o requerido pode obter tutela para os seus direitos num tempo mais ou menos razoável, mas no qual o requerido poderá dela carecer pelo triplo ou o quádruplo do tempo[138], o que não deixará de constituir mais uma imparidade e, em rigor, uma limitação adicional do direito ao contraditório do requerido, conhecidos que são os efeitos que o decurso do tempo exerce sobre os meios de prova, *maxime* a prova testemunhal[139]. Por isso, defender uma urgência parcial dos procedimentos cautelares resultará em nova lesão do princípio da igualdade das partes, quer no que respeita à

2004; ACTRL, de 04.08.2004, proc. n.º 7000/2004; ACTRP, de 19.01.2006, proc. n.º 0536940; ACTRP, de 27.05.2003, pró. n.º 0321815; ACTRP, de 14.05.2001, proc. n.º 0051691; e ACTRP, de 01.03.2001, proc. 0130070.

[136] *Cfr.* ACTRE, de 22.03.2007, proc. n.º 176/07; ACTRE, 10.07.2003, proc. n.º 802/03; ACTRL, de 10.02.2005, proc. n.º 890/2005; e ACTRP, de 07.02.2006, proc. n.º 0520200.

[137] A generalidade da doutrina defende que os procedimentos cautelares são sempre urgentes, assim: ABRANTES GERALDES, *Temas...,* cit., p. 141; LEBRE DE FREITAS/MONTALVÃO MACHADO/RUI PINTO, *Código II,* cit., p. 14; LOPES DO REGO, *Comentários...,* p. 348 e, aparentemente, RITA BARBOSA DA CRUZ, *Arresto...,* cit., pp. 116-117.

[138] Infelizmente não estão disponíveis estatísticas que permitam sustentar esta afirmação. A mesma resulta da nossa experiência e consequente constatação empírica e por ela nos responsabilizamos.

[139] No ACSTJ, de 29.10.08, proc. n.º 07P4822, sobre o princípio da continuidade da audiência em processo penal, escreveu-se, com relevância para o que afirmamos, que: *«Para que a produção de prova produza os seus frutos e não venha a ser desvirtuada, é necessário que o referido contacto entre o*

diferente resposta perante a tutela que os direitos de cada uma demandam, quer pelas diferenciadas condições em que a produção de prova (testemunhal) se poderá realizar.

Por tudo isso, será imperativo concluir que, na ausência de outras concretizações do regime do art.º 388.º, n.º 1, do CPC, o contra-ditório diferido é na realidade um contraditório inexoravelmente defeituoso, pois, ao contrário do que seria expectável, não permite ao requerido um contraditório pleno, nos moldes em que lhe seria possível exercer ao abrigo do disposto nos art.ᵒˢ 386.º e 494.º do CPC e que, em vez de repor o equilíbrio entre as partes, resulta num agravar do mesmo.

III.III O *SEGUNDO ROUND* COMO FACTOR DE IMPARIDADE

Parece ser comummente aceite que apresentada a oposição seguir-se-á a *audiência final,* devendo esta realizar-se em pleno contraditório[140]. Ou seja, após a apresentação da oposição do requerido seguir-se-á uma segunda audiência, ou *segundo round*[141], destinada à produção de prova do requerido, a que a norma do art.º 388.º, n.º 1, alínea b). manda aplicar os art.ᵒˢ 386.º e 387.º.

Tribunal e os participantes processuais se concentre no tempo, assim se pro-curando evitar que as vantagens decorrentes da imediação e da oralidade não sejam defraudadas devido às normais limitações da memória humana». Vide, também, JOSÉ JOÃO BAPTISTA, *Processo…,* cit. p. 453.

[140] Neste sentido, expressamente, ABRANTES GERALDES, *Temas…, cit.,* p. 283 e nota 467 e RITA BARBOSA DA CRUZ, *Arresto,* cit. p. 132.

[141] Note-se que são várias as referências às ligações entre *fair play e fair trial* e entre processo e jogo, havendo mesmo quem refira uma *Sporting Theory of Justice, cfr.* HERVÉ HENRION, *L'Egalité des armes «et» le Procès Penal Allemande,* in *Procédures…* cit, p. 185.

Tenha-se em atenção que a primeira audiência não contou com a presença do requerido, estando-lhe vedado um efectivo controlo, *ex post*, da produção de prova levada a cabo pelo requerente, pelo menos, com o alcance resultante do art.º 517.º do CPC. Não tendo estado presente na audiência, o requerido não pode, depois, sindicar a produção de prova do requerente, por exemplo, quanto à admissibilidade de depoimento de uma testemunha (*cfr.* art.ᵒˢ 616.º e 617.º do CPC) e de exercer o contraditório quanto a essa prova, nomeadamente instando as testemunhas (art.º 638.º, n.º 2 e 4), procurando, assim, fazer sobressair potenciais incongruências dos seus depoimentos ou a respectiva falta de razão de ciência (*cfr.* art.º 638.º, n.º 1, do CPC) na produção de determinadas afirmações.

Portanto, na primeira audiência estão presentes o juiz, o funcionário judicial, a testemunha e o mandatário judicial do requerente, podendo este conduzir o interrogatório sem quaisquer interferências e sem que tenha que enfrentar o controlo processual por parte do mandatário do requerido.

Diversamente, atenta a interpretação[142] que é feita da remissão da norma do art.º 388.º, n.º 1, al. b) para os art.ᵒˢ 386.º e 387.º e, também, a própria *praxis* judicial, a audiência destinada à produção de prova do requerido assemelha-se, em tudo, a uma verdadeira audiência de discussão e julgamento em acção declarativa com processo comum ordinário. O mandatário judicial do requerido interroga as testemunhas que este indicou, sempre sob o controlo do mandatário judicial do requerente, podendo este demonstrar, *in loco*, a potencial condução das respostas das testemunhas por parte do mandatário do requerido[143] e, de outro passo, instar as testemu-

---

[142] ABRANTES GERALDES, *Temas...*, cit., pp. 283-284.

[143] Como refere JOSÉ JOÃO BAPTISTA, ob. cit., p. 449, «*As testemunhas têm direito a ser tratadas com urbanidade pelo tribunal, sendo proibidas perguntas desprimorosas, ofensivas da sua honra, e as sugestivas ou capciosas (que as*

nhas, questionando-as quanto a aspectos que esclareçam, completem – e enfraqueçam – o seu depoimento, e, ainda, aferir da sua razão de ciência ou, se for caso disso, da falta dela. Para além do mais, ao arrepio das considerações de alguma doutrina, vem ainda sendo prática frequente que, no final da produção de prova, tenham lugar os debates sobre a matéria de facto e de direito (art.º 652.º, n.º 3, al. e) do CPC)[144].

Resulta assim evidente que, neste *segundo round,* a produção de prova e os debates, quando se verifiquem, são incomparavelmente mais intensos do que na primeira audiência. E se actividade dos mandatários das partes pode, muitas vezes, afigurar-se irrelevante, sempre poderá ter o mérito de *conduzir* ou sugerir a atenção do julgador. Pretendemos evidenciar apenas isto: o requerente teve oportunidade de produzir a prova que indicou sem quaisquer interferências e com a intensidade que lhe pretendeu imprimir, sem que o requerido, ausente nessa primeira audiência, pudesse posteriormente usar das faculdades próprias de uma audiência contraditória e, ao invés, o requerido tem de produzir a sua prova sujeito a todas essas interferências, não estando apto a controlar quer a intensidade da audiência, quer a atenção do julgador.

Inegável será, pois, que a produção de prova do requerido é mais exigente do que a do requerente. Esta é verdadeiramente sumária e expedita[145] e aquela é própria de uma verdadeira acção

---

induzam na resposta)». É certo que é o juiz detém o poder-dever de condução da audiência (*cfr.* art.os 650.º, n.os 1 e 2, als. a) a d), e 638.º, n.º 3, do CPC), contudo, a prática ensina que o controlo mútuo dos advogados das partes é essencial para que aquelas questões sejam evitadas.

[144] *Cfr.* num sentido negativo: ABRANTES GERALDES, *Temas…*, cit., p. 232 e LEBRE DE FREITAS/A. MONTALVÃO MACHADO/RUI PINTO, *Código...*II, cit., p. 31.

[145] ABRANTES GERALDES, *Temas…*, cit., p. 137, dá nota de displicência com que, por vezes, a matéria de facto é tratada. Acrescentamos nós que, a audiência sem contraditório é realmente célere e expedita, por oposição à segunda audiência própria de um *julgamento normal* em processo ordinário.

declarativa, de um julgamento com todas as formalidades e faculdades previstas na lei processual. Aliás, embora com argumentação distinta, à mesma conclusão chegou um aresto do Tribunal da Relação de Lisboa[146], em que se assumiu que a prova exigida ao requerido para contrariar os fundamentos de uma providência cautelar é mais exigente (convincente) do que aquela que é exigida ao requerente para a provocar.

Porventura, a dualidade das condições de produção de prova da primeira e da segunda audiência[147], do *primeiro e do segundo round*, constitui um dos factores que maior desequilíbrio gera entre as posições do requerente e do requerido nos procedimentos cautelares *inaudita parte*, já que, atenta a importância da produção de prova testemunhal e dos debates perante o juiz, as condições de cada uma das partes para influenciar as respectivas decisões são completamente distintas e, por isso, as possibilidades de sucesso de cada uma das partes no desfecho da lide cautelar são igualmente distintas, com um incontornável favorecimento da posição do requerente.

---

[146] No ACTRL, de 07.12.2004, proc. n.º 7647, é referido que: «*Perante a prova feita pelo requerente, é exigida ao requerido uma prova mais convincente, de forma a abalar a credibilidade da prova sumária*», uma vez que se considerou que sendo a prova do requerente sumária a prova do requerido não poderá possuir valor idêntico.

[147] Esta dualidade pode vislumbrar-se também no ACTRL, de 12.07.2007, *vide* nota 179 *infra*.

IV.

O ENSAIAR DE SOLUÇÕES

Neste ponto do nosso estudo, estará já suficientemente demonstrado que o actual regime das providências sem audiência do requerido implica um grave desequilíbrio entre as posições das partes, sempre em desfavor do requerido. Observámos como, para além de ter de lidar com uma decisão judicial que – justificada ou não – lhe é desfavorável, que foi decretada sem qualquer interferência da sua parte e que o vincula, o requerido não encontra nos meios que lhe são disponibilizados para reagir a essa decisão as mesmas oportunidades da contra-parte na obtenção dessa decisão, sendo, ainda, *fustigado* por distintas condições de produção de prova e de exercício do contraditório. Destarte, desmistificou-se a ideia de que o contraditório diferido, como vem sendo entendido, pode, por si só, resolver todas as consequências da prolação de uma decisão judicial com dispensa do contraditório (inicial e simultâneo) do requerido.

A imparidade que verificámos é fruto, como dissemos, da opção justificada de poder ser decidida uma providência sem contraditório, como imperativo dos princípios da tutela judicial efectiva e da celeridade da justiça. Todavia, sob a influência do princípio da proporcionalidade, por um lado, e de uma interpretação conforme à Constituição, por outro, será possível – ou mesmo obrigatório – que, perante a intensidade das imparidades que pudemos discernir, se alcancem soluções atenuantes do sacrifício imposto aos *direitos processuais fundamentais* do requerido.

A proporcionalidade, que se liga estreitamente com a própria natureza dos princípios[148], exige nas suas máximas de necessidade e proporcionalidade em sentido estrito que se ponderem as medidas que, realizando um dos princípios em confronto, sacrifiquem na menor medida possível os princípios afectados. Assim, na ponderação a efectuar haverá que descortinar quais as medidas que, estando aptas a realizar um determinado princípio, são menos lesivas para os demais e uma ponderação que considere a realização do fim referido pelo princípio prevalecente e a menor lesão do princípio que, no caso concreto, tenha de ceder.

Urge também recordar, com JORGE MIRANDA[149], que a interpretação conforme à Constituição implica não só ancorar primeiramente toda a interpretação sistemática na Constituição, mas, especificamente, discernir o sentido interpretativo necessário imposto pela força *conformadora* da Constituição, sem o qual se chegará à *fronteira da inconstitucionalidade.*

Acresce ainda que, como pugnámos, o art.º 3.º-A do CPC exige que quando as diferentes necessidades de tutela resultem na concessão às partes de diferenciados meios de tutela, se procure balancear de novo o processo, a fim de que a distribuição de meios e faculdades processuais assegure uma igualdade de *chances* de sucesso na lide ou, na formulação invertida de HANS RUDY, «(…) *o mesmo risco de perderem o processo*»[150].

---

[148] ALEXY, *Theorie…,* cit., pp. 111-115.

[149] *Manual de Direito Constitucional,* tomo II, 3.ª ed., Coimbra Editora, 1991, pp. 263-266.

[150] *Le Principe de L'égalité des Armes Dans La Procédure Civile Allemande,* in *Procédures et effectivité des droits,* obra colectiva dirigida por DOMINIQUE D'AMBRA/FLORENCE BENOÎT-ROHMER/CONSTANCE GREWE, Bruylant, 2003.

IV.I OS REMÉDIOS PREVENTIVOS

Como sempre sucede, as melhores soluções para um mal são aquelas que o evitam. Uma das soluções que, imediatamente, percorre o raciocínio, identifica-se com a possibilidade de o requerido poder exercer algum tipo de contraditório antecipado, pelo menos, naquelas situações em que considere provável a dedução de providências cautelares que o afectem. A ideia não é original e pode ser encontrada no ordenamento jurídico alemão, onde a necessidade de conciliar o adiamento do contraditório[151] com os direitos processuais do visado fez surgir a figura do *Schutzschrift,* ou *petição de prevenção*[152].

Como explica TEPLITZKY[153], o *Schutzschrift* foi criado por advogados dedicados ao direito da concorrência desleal e foi inicialmente nesse contexto que foi sendo reconhecido, quer pela doutrina, quer pela jurisprudência[154], tendo demorado algum tempo a transbordar para o restante ordenamento jurídico e, embora não possua qualquer respaldo na lei positiva, satisfaz uma necessidade substancial, tanto normativa quanto prática. O seu propósito é o de funcionar como um *meio preventivo de defesa* contra presumíveis procedimentos cautelares (*einstweilige Verfügungen*), sendo um relevante meio processual em face do recorrente distorcer do carácter excepcional da não audição do requerido (§ 937 II ZPO).

---

[151] Nas palavras de GERHARD WALTER, *I Diritti...,* cit., p. 737, com o *schutzschrift «o adiamento do contraditório é conciliável com o artigo 103, 1.º § do GG»*.

[152] Sendo certo que na obra de HANS PRÜTTING/SANDRA DE FALCO, *Código...*cit., p. 146, a mesma expressão foi traduzida para o Castelhano como «escrito de protección».

[153] OTTO TEPLITZKY, *Die "Schutzschrift" als vorbeugendes Verteidigungsmittel gegen einstweilige Verfügungen,* in NJW 1980, pp. 1667-1668.

Esta *petição de prevenção* pode ser apresentada em qualquer tribunal, e simultaneamente em mais do que um, por quem considere que poderá ter sido, ou poderá vir a ser, intentado contra si um procedimento cautelar com resolução urgente. Trata-se, essencialmente, de uma petição em que o requerido, ou futuro requerido, expõe as razões pelas quais as providências solicitadas, ou a solicitar, pelo requerente, não deverão ser decretadas e/ou os motivos pelas quais não o deverão ser sem a sua audiência prévia[155]. A *petição de prevenção* consiste, em suma, num articulado que pode servir uma de duas funções ou mesmo as duas: a de contrariar os fundamentos do pedido de providências do requerente[156] e a de afastar os fundamentos para a não audição do requerido.

O *Schutzschrift* surge, assim, naquele ordenamento jurídico, como manifestação do direito a ser ouvido[157], o que não deixa de revelar imediatamente a possibilidade de, no nosso ordenamento, o direito à tutela judicial efectiva, os direitos ao processo equitativo, à igualdade de armas e ao contraditório demandarem tutela perante procedimentos judiciais caracterizados pela ausência de contraditó-

---

[154] HANS PRÜTTING/CRISTINA DE FALCO, *Código...*, cit., pp. 147, referem que a primeira alusão expressa à figura do *schutzschrift* na jurisprudência surge numa sentença do Tribunal Superior de Justiça de Hamburgo, em 1965, (*vide* MDR, 1965, pp. 755 e sgs.) quase sessenta anos volvidos sobre a primeira referência doutrinária à figura (STERN, *Arrest und einstweilige nach der Deutschen Zivilprozessordnung,* Berlim, 1912).

[155] PRÜTTING/ DE FALCO, *Código...*, cit., pp. 146-147.

[156] PASTOR (*"Die Schutzschrift gegen wettbewerbliche einstweiligen Verfungungen"*, in WRP, 1972, *apud* TEPLITZKY, *ob. loc., cit*) tentou demonstrar o carácter limitado do *schutzschrift* quanto à possibilidade de um procedimento urgente sem audição do requerido (*Beschlussverfahren*), mas, segundo TEPLITZKY, a jurisprudência e a prática não lhe deram razão.

[157] Para além de GERHARD WALTER, PRÜTTING/DE FALCO e TEPLITZKY, *ob. loc.,cit., vide,* também, RAUSHER, ob. cit., pp. 42-43, nota 214 e VOLKER DEUTSCH, *Die Schutzschrift in Theorie und Praxis,* in GruR, 1990, p. 327.

rio. Aliás, uma tal possibilidade não constitui novidade no nosso ordenamento jurídico onde o *habeas corpus*[158] pode constituir precisamente um meio de tutela judicial[159] «*contra o abuso de poder, por virtude de prisão ou detenção ilegal a interpor perante o tribunal competente*» (*cfr.* art.ᵒˢ 31.º, n.º 1, da CRP e 220.º a 226.º do CPP).

Na esteira das conclusões que alcançámos no ponto II deste trabalho, não vislumbramos razões para que, de *iure condendo,* esta figura não seja admitida no ordenamento jurídico português, pois a sua razão de ser parece ser plenamente justificada à luz da garantia de tutela e do processo equitativo. Afinal, a todo o direito corresponde uma acção e não se vê por que é que aos direitos a um processo equitativo, à igualdade de armas e ao contraditório não possa corresponder um meio de tutela preventiva, pois, como se fez referência, as providências decretadas *inaudita parte* podem causar danos graves e irreversíveis para os requeridos.

Já no plano da lei vigente, o recurso a uma figura processual como o *Schutzschrift* encontra inúmeras dificuldades, tanto de ordem jurídico-processual, como de ordem prática. Na impossibilidade de empreendermos aqui um estudo aprofundado sobre o alcance prático de uma *petição de prevenção* no nosso ordenamento jurídico, diremos que a primeira grande dificuldade que o instituto enfrenta é a de não possuir qualquer grau, ainda que mínimo, de reflexo na letra da lei, o que certamente determinaria a sua rejeição pelos nossos tribunais. Mas, para além desse grande entrave, muitos outros

---

[158] *Cfr.* Germano Marques da Silva, *Curso de Processo Penal,* II, 3.ª ed., Verbo, 2002, pp. 321-332.

[159] Paulo Pinto de Albuquerque, *Comentário do Código de Processo Penal,* UCE, 2007, dá nota de um *habeas corpus* preventivo consagrado no art. 3.º, n.º 31, da Constituição de 1911.

se levantam quanto ao recurso a uma *petição de prevenção,* designadamente quanto à sua tramitação, à admissibilidade de provas[160], à caducidade, às custas e ao seu alcance prático, em especial, quanto ao efectivo conhecimento por parte do juiz do procedimento cautelar[161]. Certo é, também, que a admissibilidade de um tal meio processual sempre teria que passar pelo teste da igualdade de armas, a fim de se evitar a possibilidade de se gerar uma imparidade de sentido contrário[162].

Em todo o caso, independentemente de consideramos temerário o recurso à figura de uma *petição de prevenção* no actual quadro das nossas normas processuais, e não obstante as vantagens que poderia trazer ao sistema, a verdade é que esse meio não é apto a resolver, por si só, os efeitos desequilibrantes decorrentes de um procedimento cautelar *ex parte*[163], desde logo, quanto à finalidade de prevenção sobre a possibilidade de dispensa de contraditório

---

[160] TEPLITZKY, ob. cit., p. 1668. refere a possibilidade de serem juntos documentos e outros meios de *substanciação (Glaubhaftmachungsmittel)*.

[161] Embora sejam notórios os avanços nas tecnologias da justiça, vislumbramos, também, graves dificuldades para que a *petição de prevenção* chegue ao conhecimento efectivo do juiz que julgue a providência interposta pelo requerente, atenta a *distribuição por escala* deste tipo de procedimentos. Mais fácil será admitir uma petição de prevenção apresentada na pendência de uma providência cautelar mas antes de esta ser decretada. Na Alemanha foi recentemente criado, a título experimental, um registo central electrónico para petições preventivas (*Zentrales Schutzschriftenregister*), *cfr.* http://www.schu tzschriftenregister.de/, onde as *petições preventivas* podem ser apresentadas e a que os tribunais podem recorrer quando confrontados com um pedido de providências cautelares com resolução urgente.

[162] AXEL MAY, *Die Schutzschrift im Arrest – und einstweiligen Verfügungsverfahren*, Otto Schmidt, Colónia, 1983, p. 58, dá nota de ter de ser concedida oportunidade ao requerente da providência sobre o *schutzschrift* e dos problemas que surgem a partir daí quanto às finalidades das providências.

[163] O mesmo se diga em relação à concebível possibilidade de recurso à produção antecipada de prova, *cfr.* art.os 520.º e 521.º do CPC.

relativamente aos procedimentos em que tal dispensa decorre *ex lege* e, sobretudo, claro está, nas situações em que o requerido não anteveja a possibilidade de interposição contra si de um procedimento desse tipo, cujo sucesso, como se sabe, reside, justamente, no seu *efeito surpresa*[164].

De outra sorte, considerando o actual quadro da Lei processual quanto aos procedimentos cautelares comuns, sem audiência do requerido, o melhor remédio preventivo seria a procura de maiores garantias quanto à necessidade de dispensa da audiência do requerido. Atente-se que o despacho do art.º 385.º, n.º 1, é proferido, apenas, com base no requerimento inicial do requerente e, em certos casos, com recurso aos documentos com que este possa fazer acompanhar aquele, sem que o juiz possua qualquer outro meio para aferir da razão de ser da dispensa de contraditório.

Justifica-se, assim, que, sem prejuízo da celeridade, seja concedida a oportunidade ao juiz de solicitar outros elementos ao requerente que melhor permitam avaliar a necessidade da dispensa do contraditório e, se for caso disso, que tome a iniciativa de ordenar a recolha de provas ou outros elementos que considere indispensáveis para uma decisão fundamentada e justificada[165], nos ter-

---

[164] LAURE DE CASTILLON, *Variation autour du princip dispositif et du contradictoire dans l'instance en referé*, in *Les Mésures Provisoires en Droit Belge*, Français et Italien, Bruylant, 1998, p. 109, menciona que o efeito surpresa pode ser indispensável à eficácia da medida solicitada.

[165] Em sentido contrário, ABRANTES GERALDES, *Temas..., cit.,* p. 191. O autor invoca as razões que subjazem aos procedimentos cautelares para afastar esta possibilidade. Contudo, cremos que o argumento não pode proceder. Trata-se de uma ponderação que o juiz, enquanto garante dos direitos, liberdades e garantias, terá de realizar, considerando quer os motivos de urgência, quer os elementos disponíveis nos autos, quer ainda a gravidade da medida na esfera do requerido. No sentido preconizado, ACTRC, de 02.10.2007, proc. 557/04.

mos conjugados dos art.^{os} 265.º, n.º 2, e 385.º, n.º 1, do CPC[166]. Contudo, a maior garantia que, nesta fase, se pode oferecer ao requerido será uma avaliação ponderada e exigente dos pressupostos da dispensa da audiência do requerido pois, como afirmava ALBERTO DOS REIS, «*Não basta que o pretenso titular do direito requeira a providência; o tribunal não pode ordenar uma medida que se traduz em limitações, porventura graves, à esfera jurídica do requerido, sem que previamente se aprecie se realmente há "fundamento legal" para impor essas limitações»*[167]. É, portanto, necessária uma ponderação consciente de que os direitos do requerido podem necessitar de tanta tutela quanto os direitos do requerente, que evite uma *displicência*[168] reiterada na avaliação daqueles pressupostos e que, na prática, não torne a dispensa de contraditório em regime regra[169], meramente dependente de solicitação do requerente.

Não ignoramos, todavia, que mais eficaz seria que o juiz pudesse inverter a decisão sobre a dispensa do contraditório se, no final da produção de prova do requerente – no final da audiência sem contraditório –, concluísse não se verificarem os pressupostos da não audição do requerido: o *risco sério* de a audiência do requerido frustrar o *fim* ou a *utilidade* da providência. Não será refutável que,

---

[166] O que poderá ter lugar em sede de despacho liminar. Sobre este *vide,* por todos, LEBRE DE FREITAS/MONTALVÃO MACHADO/RUI PINTO, *Código... II, cit.* pp. 20-23.

[167] *A Figura do Processo Cautelar,* Separata do n.º 3 do BMJ, 1947, cit., p. 24.

[168] A expressão é de ABRANTES GERALDES, *Temas..., cit.,* p. 137.

[169] Embora o recurso da decisão sobre a dispensa de contraditório seja possível, quer quando a decisão não seja fundamentada, mas aqui precedido da competente arguição de nulidade, quer quando a decisão seja ilegal. Neste sentido ABRANTES GERALDES, *Temas...,* cit., pp. 192-193 e 290, e LEBRE DE FREITAS/MONTALVÃO MACHADO/RUI PINTO, *Código... II,* cit., p. 26. e, quanto à nulidade, ACSTJ de 01.03.2001, acessível em www.stj.pt.

após a produção da prova testemunhal indicada pelo requerente, o juiz estará em melhores condições para avaliar a pertinência da dispensa do contraditório do que quando apenas confrontado com o requerimento inicial, e que a própria justiça sairia enriquecida com um grau maior de sustentação daquela decisão.

Ainda assim, tal como ABRANTES GERALDES, consideramos que essa possibilidade está hoje vedada ao juiz por não encontrar qualquer apoio no texto legal. A própria norma do art.º 394.º, relativa à restituição provisória da posse, parece indicar que o legislador não pretendeu, quanto aos procedimentos cautelares comuns, condicionar o despacho de não audiência do requerido à produção de prova do requerente, certamente por motivos de celeridade processual que se compreendem e aceitam, pois, ainda que não se considerasse o *risco sério*, sempre haveria que garantir a tutela do requerente associada ao *periculum in mora,* que, já de si, pressupõe uma actuação urgente.

IV.II CONTRIBUTOS PARA UMA DEFESA EFECTIVA DO REQUERIDO

Sem necessidade de nos repetirmos, cabe recordar a evidência de que a alternatividade entre recurso e oposição implica uma escolha limitada para o requerido, impondo-se, por isso, encontrar uma solução interpretativa para as normas do art.º 388.º, n.º 1, als. a) e b), do CPC, que autorize um contraditório efectivo ao requerido, ou seja, um contraditório realizado em condições próximas daquelas que dispõe no caso de o procedimento ser decidido com contraditório prévio.

Por outro lado, não há como negar que a intenção do legislador foi a de criar um regime célere de contraditório diferido, que evitasse a possibilidade de o requerido lançar mão de ambos os meios processuais[170] e que, dessa forma, se pudesse alcançar uma situação de confronto entre decisões judiciais de sentido contrário e, ao mesmo tempo, que a fase subsequente à primeira decisão não se transformasse numa verdadeira acção declaratória como sucedia com os anteriores embargos[171].

Neste sentido, consideramos ser possível uma interpretação extensiva, senão mesmo correctiva[172], da al. b) do citado normativo legal que permita ao requerido suscitar todas as questões que se lhe oferecer, com excepção da impugnação da decisão sobre a matéria de facto incluída na primeira decisão. Deste modo, crê-se, compatibilizar-se-á o respeito pela alternatividade dos meios processuais, estabelecida pelo legislador, com os direitos do requerido ao princípio do contraditório e da igualdade de armas, sem que o recurso da al. a) fique desprovido de sentido.

Pretendemos significar, concretamente, que o requerido poderá deduzir em sede de oposição tudo quanto lhe seria lícito deduzir na oposição que poderia apresentar se não se verificasse dispensa do contraditório. Para o recurso da decisão ficará reservada, nesta solução, a impugnação da decisão sobre matéria de facto e, bem assim, as questões relativas à admissibilidade dos meios de prova do requerente como, por exemplo, a inadmissibilidade de testemunhas para depor (*cfr.* art.[os] 616.º, 617.º do CPC).

Esta interpretação necessita, ainda, de um complemento, materializado na consideração de que, quando o recurso não for admissível, nos termos do art.º 678.º, n.º 1, do CPC, terá de ser concedida oportunidade ao requerido de suscitar qualquer questão na oposi-

---

[170] *Vide,* nota 178 infra.

[171] *Idem.*

[172] Sobre a admissibilidade da interpretação correctiva *vide*, por todos, JOSÉ DE OLIVEIRA ASCENSÃO, *O Direito – Introdução e Teoria Geral*, 9.ª ed., Almedina, 1995, pp. 413-416.

ção, tal como parecem defender LEBRE DE FREITAS/MONTALVÃO MACHADO/RUI PINTO, sem a qual o direito do requerido à tutela judicial efectiva e aos demais direitos processuais a que temos feito referência ficariam inaceitavelmente limitados.

Não permitir ao requerido o exercício do contraditório diferido em condições próximas daquelas que lhe seria lícito deduzir em sede de oposição, nos termos do art.º 386.º do CPC, resultará, cremos, numa violação intolerável do núcleo essencial dos direitos fundamentais ao contraditório e ao princípio da igualdade de armas. Se é verdade que a restrição daqueles direitos é justificada, como referimos sobejamente, em função de outros direitos tutelados constitucionalmente, já não consideramos justificada, porque desproporcional, uma limitação das condições de exercício do contraditório num momento em que aqueles outros princípios estão já acautelados.

Ou seja, a partir do momento em que a providência foi decretada e executada, portanto, a partir do momento em que é assegurado que a providência não foi frustrada pelo contraditório do requerido, não se vê como este não possa defender-se quanto a todas as questões que se lhe suscitarem, em condições semelhantes às que lhe são concedidas para a sua defesa nos procedimentos cautelares com contraditório. Trata-se, tão-só, de verificar que, após o decretamento e a execução da providência, já não se verificam os fundamentos que autorizavam a restrição dos *direitos processuais fundamentais* do requerido através da sua exclusão do procedimento[173].

---

[173] Impõe-se, ainda, uma advertência: esta nossa controvérsia não pode ser confundida com a problemática de saber se a Constituição garante ou não dois graus de jurisdição ou o direito ao recurso, mas, apenas, de permitir que uma decisão judicial – a decisão final – colha todos os contributos possíveis das partes no litígio, conforme estabelecido para uma situação em que não se

Aliás, tendemos a considerar que outra interpretação das normas do art.º 388.º, n.º 1, do CPC, designadamente aquela que os nossos tribunais têm observado, redunda em inconstitucionalidade material, por violação dos princípios do processo equitativo, da igualdade de armas, do contraditório e da proporcionalidade (*cfr.* art.ᵒˢ 1.º, 2.º, 13.º, 20.º, n.º 4 e 18.º, n.º 2, da CRP), uma vez que, reconhecer-se que uma decisão contém vícios que o sistema processual em geral não aceita e/ou que foi decidida sem ter em atenção um conjunto de factos aptos a serem provados com recurso a meios de prova legalmente admissíveis e de acordo com regras pré-estabelecidas e, ainda assim, não se conferir ao visado a possibilidade de reagir simultaneamente quanto a todas essas questões, quando, note-se, as razões que impunham uma restrição àqueles princípios já não é justificada, implica atingir o núcleo essencial daqueles direitos.

Uma defesa eficaz do requerido pressupõe, de igual forma, que os procedimentos cautelares não deixem de ser qualificados como processos urgentes, a partir do momento em que a decisão é decretada ou, mesmo, da decisão final. É imprescindível relembrar, por um lado, que a providência decretada pode ser injustificada e altamente lesiva dos direitos do requerido e, por outro, que a própria delonga é susceptível de agravar o desequilíbrio entre as partes quanto às condições de produção de prova. Aliás, sem ser um argumento de ordem prática relativo à gestão das pendências dos tribunais, não se vislumbram quaisquer argumentos na letra ou no espírito da lei[174] que imponham uma tal interpretação.

---

verifique uma ausência de contraditório. Estamos perante uma questão de contraditório e igualdade de armas e não perante uma questão de recorribilidade das decisões judiciais.

[174] Atente-se que em *Revisão do Processo Civil – Projecto, Ministério da Justiça*, 1995, p. 29, se afirma que com o novo regime dos procedimentos se procurou «... *duas vertentes essenciais da justiça cautelar – garantido, na*

Sem necessidade de outros argumentos, diremos que o princípio da igualdade de armas demanda, inequivocamente, uma interpretação das normas do art.º 382.º de que resulte a tramitação urgente dos procedimentos cautelares até ao trânsito em julgado da decisão final ou, pelo menos, para ambas as fases do procedimento em primeira instância, evitando-se, assim, os graves desequilíbrios como os que relata RUI TAVARES CORREIA[175], a propósito do ACTRL de 12.07.2007, proferido no âmbito de um procedimento cautelar em que a providência foi decretada em 17 dias e a oposição do requerido foi apreciada em 10 meses.

IV.III O *SEGUNDO ROUND* E O DIREITO DO REQUERIDO A ESTAR SÓ EM JUÍZO

O último, mas porventura mais importante, factor de desigualdade de partes que identificámos quanto aos procedimentos cautelares *inaudita parte* consiste na dualidade das condições de exercício do direito à produção de prova – vertente do direito ao contraditório – do requerente, na primeira fase, e do requerido, na segunda fase ou, melhor, no *segundo round*.

A questão, embora pouco ortodoxa, não é despicienda como, aliás, se demonstra pelo facto de não ser totalmente estranha à nossa doutrina. ABRANTES GERALDES refere a este propósito: «*Não faz sentido impedir a presença e a intervenção do requerente a*

---

medida do possível, a urgência do procedimento e a efectividade da providência ordenada. Com tal objectivo, consagrou-se expressamente a "urgência" dos procedimentos cautelares, estabelecendo-se um prazo máximo para a sua decisão em 1.ª instância (…)».

[175] *Acórdão do Tribunal da Relação de Lisboa de 12 de Julho de 2007*, in ROA, Ano 67, 2007.

pretexto que na primeira diligência não pudera intervir o requerido. É que a não audição do requerido justificava-se pela finalidade e eficácia da medida cautelar, valores que, neste segundo momento, não são de modo algum prejudicados pela intervenção do requerente. Nem se pode invocar a violação do princípio da igualdade, porquanto o condicionalismo desta segunda diligência não se assemelha de modo algum ao que estava presente naquela. A letra do art.º 387.º, n.º 2, fornece, aliás, um argumento no sentido da admissibilidade da intervenção.»[176]

Mas, apesar dos argumentos do ilustre autor, haverá outra forma de repor, ou tentar repor, o equilíbrio entre requerente e requerido que não a de reproduzir as condições da primeira audiência na segunda audiência, realizada já depois de decretada a providência? Na verdade, cremos que o princípio da igualdade de armas, enquanto *estatuto de igualdade substancial* das partes, exige que ao longo de todo o processo se procure corrigir as imparidades que se verifiquem pela necessidade do estabelecimento de diferentes mecanismos de tutela, pelo que se impõe um reequilibrar das posições processuais ocupadas pelos requerente e requerido, também neste domínio, em que são naturalmente diferenciados os meios de tutela.

In casu, concluímos que a não audição inicial do requerido é imposta pela necessidade de tutelar os direitos do requerente, o que levou a que o legislador encontrasse necessidade de criar meios de tutela diferenciados. Na mesma senda, evidenciámos já que a necessidade de conferir efectividade a esses meios de tutela resulta numa restrição significativa dos princípios do processo equitativo, da igualdade de armas e do contraditório, todos princípios, direitos

---

[176] ABRANTES GERALDES, *Temas...,* cit., p. 283, nota 467.

ou garantias fundamentais ancorados na Constituição e enformadores do processo civil num Estado de Direito democrático. Em concreto, concluímos que as diferentes condições de exercício do direito à produção de prova entre requerente e requerido contribuem significativamente para o acentuado desequilíbrio entre as partes num procedimento cautelar *ex parte*.

Assim sendo, tudo visto e ponderado, cremos que o princípio da igualdade de armas, no sentido em que o definimos e concretizámos, exige a tendencial reprodução das condições da primeira audiência, destinada à produção de prova do requerente, na segunda audiência dos procedimentos cautelares *ex parte*, destinada à produção de prova do requerido, como meio de repor o equilíbrio perdido entre as partes. Pugnamos, assim, o direito do requerido a *estar só em juízo* na segunda fase dos procedimentos cautelares *inaudita parte*. O mesmo será dizer que o requerente não deverá estar presente na segunda audiência ou, pelo menos, a sua intervenção na mesma deverá ser restringida conforme se observará.

Contudo, ainda antes de concretizarmos a nossa ideia, verifiquemos os argumentos contrários à solução ensaiada. A primeira objecção adiantada por ABRANTES GERALDES respeita ao facto de uma tal solução constituir por si só uma limitação ao princípio do contraditório, neste caso à protecção que este princípio confere ao requerente, o que, de facto, resulta no maior obstáculo à solução que apresentamos. Recordemos, neste ponto, as palavras contundentes do Autor: *«É que a não audição do requerido justificava-se pela finalidade e eficácia da medida cautelar, valores que, neste segundo momento, não são de modo algum prejudicados pela intervenção do requerente.»*

Ora, se bem compreendemos o trecho citado, pretende-se significar que enquanto a limitação do direito ao contraditório do requerido, na primeira fase do procedimento, encontra fundamentos válidos (os já sobejamente referidos), esses mesmos fundamentos já não se verificam quanto à limitação do contraditório do requerente na fase subsequente do procedimento. O argumento é procedente mas apenas se tomado no seu sentido literal. É certo que a não audição do requerente na segunda audiência não pode ser justificada em função do acautelar de um *risco sério* quanto ao *fim* ou *utilidade* da providência, como sucede relativamente à dispensa do contraditório inicial do requerido. Todavia, uma possível restrição do direito do requerente ao contraditório, na audiência subsequente, poderá ser justificada em função de outros direitos ou interesses constitucionalmente relevantes. Ou seja, aquele direito pode, e quanto a nós deve, ser limitado em função do princípio da paridade das partes, uma vez que, perante as imparidades resultantes da ausência de contraditório inicial e simultâneo do requerido, se justifica limitar o contraditório do requerente como forma de alcançar uma paridade efectiva.

Ter-se-á então de concluir que a primeira objecção a uma solução limitativa da presença, ou da intervenção, do requerido na segunda audiência dos procedimentos cautelares *inaudita parte* não pode proceder, já que, quando conflituantes, quaisquer princípios poderão ter de ceder perante outros princípios de igual valor. Neste caso, o princípio do contraditório terá de ceder – na menor medida possível – perante o princípio da igualdade de armas que, como observámos, demanda uma solução que restabeleça um mínimo de paridade entre as partes, pelo que esta solução se impõe como solução menos lesiva para a igualdade de armas.

O segundo argumento aduzido por ABRANTES GERALDES também parece ser improcedente. Refere o autor que o art.º 387.º, n.º 2, ao «*aludir a "mandatário de alguma das partes"*» fornece um argumento no sentido da admissibilidade da intervenção do requerente na segunda audiência. Mas é preciso notar que, tanto o art.º 386.º, como o art.º 387.º, respeitam genericamente ao processamento da providência com contraditório do requerido e, por isso, o art.º 388.º, n.º 1, al. b), *in fine*, manda aplicar à oposição deduzida após o decretamento da providência o disposto nesses artigos.

Na verdade, a norma do art.º 386.º, n.º 2, do CPC refere, compreensivelmente, que «*A audiência só pode ser adiada, por uma única vez, no caso da falta do mandatário de alguma das partes (...)*», pois está prevista para o regime regra que é o da decisão dos procedimentos cautelares com audiência do requerido. Aliás, a própria norma do art.º 388.º, n.º 1, al. b), *in fine*, detém abertura suficiente para possibilitar a solução que defendemos, já que refere que a aplicabilidade das normas dos art.ºs 386.º e 387.º deve ser operada com *as necessárias adaptações*.

Por outro lado, o recurso à solução que pugnamos poderia suscitar ainda duas outras questões sugestivas da sua improcedência: em primeiro lugar, o juiz do procedimento cautelar poderá, assim, enfrentar uma situação de *non liquet* pelos pesos idênticos dos acervos probatórios. Não cremos que assim seja, porquanto nada obsta a que funcionem as regras gerais sobre ónus da prova[177]. Como sempre sucede, o julgador terá de formar a sua convicção com base em todo o acervo probatório, nomeadamente na prova testemunhal produzida em condições tendencialmente idênticas. A segunda objecção à nossa solução poderá ser a de que o requerido pode indicar para depoimento as testemunhas indicadas pelo requerente e, por essa via, exercer o contraditório quanto a essa

---

[177] *Cfr.* o ACTRE, de 17.04.2008, proc. n.º 3208/07, em cujo sumário se encontra o seguinte excerto: «*Assim se o juiz fica em dúvida sobre determinado facto, por não saber se ele ocorreu ou não, o non liquet do julgador converte-se (...) num liquet contra a parte a quem incumbe o ónus da prova desse facto e sendo do requerente do arresto é óbvio que o mesmo improcederá*».

prova. Contudo, numa análise cuidada, essa objecção revela-se insuficiente, desde logo, porque não resolve todas as imparidades verificadas, nomeadamente quanto às interferências dos mandatários judiciais na produção de prova da parte contrária e, também, porquanto a norma do art.º 304.º, n.º 1, aplicável *ex vi* art.º 384.º, n.º 3, relativa ao número de testemunhas que cada parte pode indicar e ao número de testemunhas que pode depor sobre cada facto, não sofre aqui qualquer derrogação.

Inversamente, em favor do caminho que trilhamos depõe, também, a *ratio* da norma do art.º 388.º, n.º 1, al. b), pois a intenção do legislador foi a de simplificar a fase subsequente ao decretamento da providência, optando por um contraditório diferido e simplificado[178], pelo que uma audiência subsequente realizada em moldes semelhantes aos das acções declarativas parece desvirtuar essa intenção do legislador[179] – refira-se, aliás, que a análise cuidada do

---

[178] Assim se lê no preâmbulo de DL n.º 329-A/95, de 12.12: "(…) *por um sistema que se limita a assegurar supervenientemente o contraditório, sempre que o requerido não tenha sido previamente ouvido, facultando-lhe a dedução de defesa que não teve oportunidade de produzir e consentindo ao juiz a eventual alteração da decisão produzida, face às razões aduzidas pelo requerido: procura, por esta via, obviar-se não só a que os embargos possam ter lugar nos casos em que já houve audiência prévia do requerido como ainda a que, no procedimento cautelar em questão, acabe por se enxertar a verdadeira acção declaratória em que os embargos à providência actualmente se traduzem*".

[179] A este propósito, contrariamente à intenção do legislador, note-se o que se diz no ACTRL, de 12.07.2007: se pode ler que: «*É sabido que apesar das preocupações com a celeridade por vezes as audiências levadas a cabo em providências cautelares são demoradas, sendo certo que tal demora resulta não só da inquirição de testemunhas levadas a cabo nas mesmas, assim como das incidências ali suscitadas, sendo certo que celeridade processual não se confunde ligeireza nem preterição de prazos, etc... Assim, não é expectável que uma audiência que envolve dois litigantes, com o competente e por vezes demorado contraditório e inerentes requerimentos, respostas e incidentes, tenha a mesma duração do que uma inquirição de testemunhas levada a cabo apenas por uma parte*».

elemento literal de todas as normas acerca do contraditório subsequente do requerido autoriza o entendimento que perfilhamos.

O direito do requerido *a estar só,* ou seja, uma solução que implique a reprodução na segunda audiência das condições em que se realiza a primeira audiência nos procedimentos cautelares com dispensa do contraditório requer, ainda, algumas considerações adicionais. Na verdade, a concretização desta solução estará dependente de uma outra questão que se prende com o meio pelo qual o requerente poderá exercer o contraditório relativamente às excepções deduzidas pelo requerido, nos termos do art.º 3.º do CPC. A doutrina parece dividir-se[180] entre considerar que o requerente pode, no prazo geral após a notificação da oposição do requerido, apresentar novo articulado de resposta às excepções invocadas ou, então, que esse contraditório deverá ser exercido na audiência final.

Consideramos que o contraditório exercido por escrito é aquele que mais garantias concede ao requerente e que simultaneamente confere maior grau de segurança à decisão judicial, porquanto permite, por um lado, que o juiz prepare a segunda audiência tendo conhecimento prévio dos argumentos do requerente e, por outro, que o juiz possa socorrer-se desse articulado no momento em que profere a decisão, uma vez que, ao contrário do estatuído no art.º 304.º, n.º 5, do CPC, o juiz – como se compreende – raramente

---

[180] ABRANTES GERALDES, *Temas…*, cit., p. 282, embora reconhecendo dificuldades de interpretação, defende ser admissível resposta do requerente à oposição; LEBRE DE FREITAS/MONTALVÃO MACHADO/RUI PINTO, *Código… II,* cit., p. 42, defendem que não há lugar a apresentação de novo articulado de resposta à oposição sem prejuízo do previsto no art. 3.º-A, ou seja, sem prejuízo do requerente poder exercer o contraditório na audiência final; LOPES DO REGO parece defender a ausência de resposta, *cfr. Código…,* cit., pp. 32-33 e 357; RITA BARBOSA DA CRUZ, *Arresto,* cit., p. 132, defende a inadmissibilidade de resposta do requerente mas a possibilidade de exercício do contraditório na audiência final.

profere a decisão sobre a matéria de facto finda a produção de prova.

De outra forma, uma interpretação actualista das normas em crise impõe considerar que se a intenção do legislador foi a de limitar o número de articulados para obviar às delongas do processo, será também verdade que a apresentação pelo requerente, no prazo geral de 10 dias, de resposta às excepções deduzidas pelo requerido ou de arguição de nulidades não influirá em nada na tramitação dos procedimentos cautelares – considerando a actual morosidade processual mas, também, uma normal morosidade –, pelo que a sua celeridade não sairá prejudicada por este meio de exercício escrito do contraditório[181].

De outro modo, a nossa solução pressupõe a gravação da prova na segunda audiência, sem necessidade de requerimento expresso das partes, nos termos do art.º 386.º, n.º 4, *ex vi*, art.º 388.º, n.º 1, al. b). Não se vê qualquer fundamento para que assim não seja. O único argumento a favor de solução contrária parece ser o de essa gravação estar motivada pela ausência de contraditório do requerido. Ora, para além da exigência decorrente da solução que defendemos, cremos, ainda, que a gravação da prova na segunda

---

[181] Um outro problema de igualdade de armas surge com a impossibilidade de o requerente poder deduzir meios de prova relativamente à resposta às excepções invocadas pelo requerido, defendendo, por exemplo, ABRANTES GERALDES, *Temas…*, cit, p. 282 que a tramitação dos procedimentos cautelares, pautada pela celeridade, não o permite, devendo antes o requerente prever no momento da apresentação do seu requerimento inicial essa possibilidade e, em conformidade, indicar meios de prova que impugnem antecipadamente os factos que possam ser deduzidos como excepção. Mas e os casos em que o requerente não possa razoavelmente contar com essas excepções? Defendemos que caberá ao juiz avaliar sobre a necessidade de produção de prova requerida *ex post* pelo requerente ou se a prova produzida pelo requerente estará apta a impugnar ou confirmar essas excepções.

audiência se impõe pelo facto de o juiz da primeira e da segunda audiência poder não ser o mesmo e necessitar, assim, de confrontar ponderadamente ambos os acervos probatórios, o que nunca poderá fazer em audiência e, por outro lado, pela necessidade de documentar toda a prova que permita aos tribunais de recurso sindicar o conjunto da prova produzida[182].

Em todo o caso, mesmo que se pugne que o contraditório subsequente do requerente deverá ser exercido oralmente na audiência final – na segunda audiência – dos procedimentos cautelares *ex parte* – ou que a documentação da prova na segunda audiência está dependente de solicitação expressa das partes, a intervenção do requerente deverá ser limitada ao exercício desse contraditório e/ou à audição dos depoimentos que se produzirem, embora a sua presença não possa, obviamente, ser impedida, nos termos do princípio do contraditório.

Apesar da novidade e da estranheza que a solução proposta possa provocar, ponderando os argumentos que a impõem e não vislumbrando argumentos sólidos que a deponham, consideramos ser esta uma via – senão mesmo a principal – para que, no que concerne aos procedimentos cautelares sem audiência do requerido, se possa dar cumprimento ao disposto no art.º 3.º-A do CPC, como verdadeiro *estatuto de igualdade substancial das partes*.

---

[182] Nem se vê como se possa defender que o contraditório do requerente às excepções possa ser deduzido na audiência final e que a gravação da prova da segunda audiência deve ser requerida por uma das partes, uma vez que não estará prevista forma de o fazer.

V.

CONCLUSÕES

No final desta viagem, conquanto a lição seja também a de Ítaca[183], impõem-se algumas conclusões sumárias:

· O princípio da igualdade de armas, fundado no princípio da igualdade e no processo equitativo, e que se relaciona estreitamente com outros *direitos processuais fundamentais*, *maxime* o contraditório, exige a igualdade de tratamento das partes, na distribuição de meios e deveres processuais, que assegure uma igual e efectiva possibilidade de sucesso na lide, devendo o critério aferidor dessa igualdade traduzir-se em considerações exclusivamente adjectivas;

· O *estatuto de igualdade substancial das partes*, proclamado no art.º 3.º-A do CPC, não deve ser interpretado no sentido de autorizar um papel de assistência material por parte do juiz na correcção de *desigualdades de facto* das partes, mas sim no sentido de impor ao juiz que procure estabelecer, ao longo de todo o processo, o equilíbrio entre as partes, corrigindo eventuais imparidades resultantes do estabelecimento de diferentes meios de tutela;

· O regime de tramitação das providências cautelares, sem audiência do requerido (art.os 385.º, n.º 1, 388.º, 394.º e 408.º, n.º 2, do CPC), implica diversas restrições aos *direitos processuais*

---

[183] Fazemos referência ao poema de KOSTANDINOS KAVAFIS, ed. portuguesa *Os Poemas*, Relógio de Água, 2005, p. 237.

fundamentais do requerido, em especial no que respeita ao princípio da igualdade de armas, quer pela ausência de um contraditório inicial e simultâneo, quer pelo modelo de alternatividade (limitativa) dos meios de defesa do requerido, quer ainda pela desigualdade entre as condições de produção de prova que se verificam na primeira e na segunda audiência;

· A própria natureza dos princípios em crise e, bem assim, os princípios da proporcionalidade e da interpretação conforme à Constituição, demandam a procura de soluções interpretativas que, com um mínimo de reflexo na letra da lei, tendam a repor o equilíbrio entre as partes num procedimento cautelar sem audiência do requerido;

· Os remédios preventivos que se possam conceber encontram, actualmente, dificuldades de concretização e/ou possuem um alcance limitado, pelo que as correcções a efectuar situar-se-ão, tanto ao nível dos meios de reacção do requerido, mediante soluções que permitam ao requerido uma defesa efectiva, em moldes semelhantes àquela que lhe seria lícita deduzir caso não se verificasse a dispensa do seu contraditório, bem como ao nível das condições de produção de prova do requerido, mediante soluções que permitam reproduzir, tanto quanto possível, as condições em que se realiza a primeira audiência na segunda audiência, realizada após a decisão que decreta a providência.

BIBLIOGRAFIA

ALBUQUERQUE, PAULO PINTO DE
- *Comentário do Código de Processo Penal à luz da Constituição da República e da Convenção Europeia dos Direitos do Homem*, UCE, 2007.

ALEIXO, PEDRO SCHERER DE MELLO
- *O Direito Fundamental à Tutela Jurisdicional Efectiva Na Ordem Jurídica Brasileira – A caminho de um devido processo proporcional*, in *Direitos Fundamentais e Direito Privado – Uma Perspectiva de Direito Comparado*, Almedina 2007.

ALEXY, ROBERT
- *Theorie der GrundRechte*, trad. para o Castelhano por ERNESTO GARZÓN VALDÉS, *Teoria de los Derechos Fundamentales,* Centro de Estudios Políticos y Constitucionales, Madrid, 2002.

ALMEIDA, L. P. MOITINHO DE
- *Providências Cautelares não Especificadas*, Coimbra Editora, 1979.

AMARAL, JORGE AUGUSTO PAIS DO
- *Direito Processual Civil*, Almedina, 3.ª ed., 2002.

ANDRADE, JOSÉ CARLOS VIEIRA DE
- *Os Direitos Fundamentais da Constituição Portuguesa de 1976,* Almedina, 3.ª ed., 2004.

ANDRADE, MANUEL DE
- *Noções Elementares de Processo Civil*, Coimbra Editora, 1976.

ASCENSÃO, JOSÉ DE OLIVEIRA
- *O Direito – Introdução e Teoria Geral*, 9.ª ed., Almedina, 1995.

BAPTISTA, JOSÉ JOÃO
- *Processo Civil I*, 8.ª ed., Coimbra Editora, 2006.

BATISTA, J. PEREIRA
– *Reforma do Processo Civil – Princípios Fundamentais*, Lex, 1996.

BELEZA, MARIA DOS PRAZERES
– *Impossibilidade de alteração do pedido ou da causa de pedir nos procedimentos cautelares,* in Separata da Revista da Faculdade de Direito da Universidade Católica Portuguesa, vol. XI, tomo I, 1997.

BOVE, MAURO
– *Art.111 COST. e «Giusto Processo Civile »,* RDP, Ano LVII, n.º 2, Cedam, 2002.

CALAMANDREI, PIERO
– *Processo e Giustizia,* in RDP, vol. V, I Parte, Cedam, 1950.
– *Il Processo Come Giuoco,* in RDP, vol. V., I Parte, Cedam, 1950.

CANAS, VITALINO
– *Princípio da Proporcionalidade,* separata do vol. VI do Dicionário Jurídico da Administração Pública, vol. VI, 1994.

CANOTILHO, J.J. GOMES
– *Direito Constitucional e Teoria da Constituição,* Almedina, 1998.

CANOTILHO, J.J. GOMES / MOREIRA, VITAL
– *Constituição da República Portuguesa Anotada,* vol. 1, 2007, Coimbra Editora.

CAPPELLETTI, MAURO
– *L'Acesso Alla Giustizia e la Responsabilità Del Giurista Nella Nostra Epoca,* in *Studi in Onore Di Vittorio Denti,* vol. I, CEDAM, 1994.

CAPPELLETTI, MAURO/VIGORITI, VINCENZO
– *Fundamental Guarantees of the Litigants in Civil Proceedings,* in *Fundamental Guarantees of The Parties in Civil Litigation,* Milan, Giuffré, 1973.

CAPONI, REMO
– *Brevi note sul contradittorio in condizioni di parità nel processo civile,* in *Il nuovo articolo 111 della Costituzione e il giusto processo civile ,* Quaderni di «Questione Giustiza», Franco Angeli, 2000.

CARNELUTTI, FRANCESCO
- *Torniamo al giudizio,* RDP, Cedam, 1949.
- *Instituciones del Proceso Civil,* trad. de SANTIAGO SENTIS MELENDO, vol. I, Ediciones Juridicas Europa-America, 1956.

CASTILLON, LAURE DE
- *Variation autour du princip dispositif et du contradictoire dans l'instance en reféré,* in *Les Mésures Provisoires en Droit Belge,* Français et Italien, obra colectiva dirigida por VAN COPPERNOLLE E GIUSEPPE TARZIA, Bruylant, 1998.

CASTRO, ANSELMO DE
- *Direito Processual Civil Declaratório,* vol. I, Almedina, 1982.

CIVININI, GIULIANA
- *Il nuovo articolo 111 della Costituzione e el "giusto processo civile". Le garanzie,* in *Il nuovo articolo 111 della Costituzione e il giusto processo civile,* Quaderni Di «Questione Giustiza», Franco Angeli, 2000.

COMOGLIO, LUIS PAOLO
- *Il «Giusto Processo» Civile nella Dimensione Comparatistica,* RDP, Ano XVII, n.º 3, 2002.

CORREIA, RUI TAVARES
- *Acórdão do Tribunal da Relação de Lisboa de 12 de Julho de 2007,* in ROA, Ano 67, 2007.

COSTANTINO, DI GIORGIO
- *Il nuovo articolo 111 della Costituzione e il "giusto processo civile". Le garanzie,* in *Il nuovo articolo 111 della Costituzione e il giusto processo civile,* Quaderni di «Questione Giustiza«, Franco Angeli, 2000.

COUTURE, EDUARDO
- *Introdução ao Estudo do Processo Civil,* Jornal do Fôro, 1952.

CURTIS, E. / RESNIK, JUDITH
- *Images of Justice,* in The Yale Law Journal, Vol. 96, No. 8, Jul., 1987.

CRUZ, RITA BARBOSA DA
- *O arresto,* O Direito, Ano 132, 2000.

DESCARTES, RENÉ
– *O Discurso do Método*, Edições 70, 1997.

DEUTSCH, VOLKER
– *Die Schutzschrift in Theorie und Praxis*, in GruR, 1990

DIAS, FIGUEIREDO
– *Direito Processual Penal*, I vol., Coimbra Editora, 1981.

DWORKIN, RONALD
– *Taking Rights Seriously*, Duckworth, 2005.

DUARTE, RONNIE PREUSS
– *Garantia de Acesso à Justiça – Os direitos processuais fundamentais*, Coimbra Editora, 2007.

FARIA, RITA LYNCE DE
– *A Função Instrumental da Tutela Cautelar Não Especificada*, Universidade Católica Editora, 2003.

FREITAS, JOSÉ LEBRE DE
– *A igualdade de armas no direito processual civil português*, O Direito, IV, 1992.
– *Em torno da Revisão do Direito Processual Civil*, ROA, Ano 55, I, 1995.
– *Revisão do Processo Civil*, ROA, Ano 55, II, 1995.
– *Introdução ao Processo Civil*, Coimbra Editora, 2006.

FREITAS, JOSÉ LEBRE DE/REDINHA, JOÃO/PINTO, RUI
– *Código de Processo Civil Anotado*, Coimbra Editora, vol. 1.º, 1999.

FREITAS, JOSÉ LEBRE DE/MACHADO, A. MONTALVÃO/PINTO, RUI
– *Código de Processo Civil Anotado*, Coimbra Editora, vol 2.º, 2001.

GERALDES, ANTÓNIO SANTOS ABRANTES
– *Temas da Reforma do Processo Civil*, III Volume, 3.ª Ed., Almedina, 2004.

HENRION, HERVÉ
– *L'Egalité des armes «et» le Procès Penal Alleman*, in *Procédures et effictivité des droits*, Bruylant, 2003.

JAUERING, OTHMAR
– *Direito Processual Civil,* Almedina, 2002.

JOLOWICZ, JOHN ANTHONY
– *Fundamental Guarantees in Civil Litigation*: England, in *Fundamental Guarantees of The Parties In Civil Litigation – Studies in Comparative Law,* Giuffrè Editore, 1973.

KOSTANDINOS KAVAFIS,
– in colectânea *Os Poemas*, Relógio de Água, 2005, p. 237.

LEITÃO, HELDER MARTINS
– *Dos Procedimentos Cautelares,* 10.ª ed., Almeida & Leitão, Lda., 2008.

LOMBARDO, LUIGI
– *La Prova Giudiziale – Contributo alla Teoria del Giudizio di Fatto Nel Processo,* Giuffrè Editore, 1999.

MATSCHER, FRANZ
– *L'equo processo nella convenzione europea dei diritti dell'uomo*, RTDP, Ano LX, n.º 4, Giuffrè, 2006.

MAY, AXEL
– *Die Schutzschrift im Arrest – und einstweiligen Verfügungsverfahren*, Otto Schmidt, Colónia, 1983.

MENDES, JOÃO DE CASTRO
– *Direito Processual Civil,* in *Obras Completas do Professor Doutor João Castro Mendes*, 1.º vol., AAFDL, Lisboa, 1994.

MIRANDA, JORGE
– *Manual de Direito Constitucional*, Tomo VI, 2.ª Ed., Coimbra Editora, 2005.
– *Constituição e Processo Civil,* in Direito e Justiça, Universidade Católica, Lisboa, 1994.

MIRANDA, JORGE/MEDEIROS, RUI
– *Constituição Portuguesa Anotada*, Coimbra Editora, 2005.

MONTELEONE, GIROLAMO
– *Diritto Processual Civile*, 3.ª Ed., Milão, CEDAM, 2002.

104 | *A (Des)igualdade de Armas nas Providências Cautelares...*

NETO, ABÍLIO
– *Código de Processo Civil Anotado*, 18.ª ed., Ediforum, 2004.

NOVAIS, JORGE REIS
– *Os Princípios Constitucionais Estruturantes da República Portuguesa*, Coimbra Editora, 2004.

PATRÍCIO, RUI
– *O princípio da presunção da inocência do arguido na fase do julgamento no actual processo penal português*, AAFDL, 2000.

PLATÃO
– *A Apologia de Sócrates*, *Diálogos,* III, Europa América, 1994.

PICARDI, NICOLA
– *Il Principio del Contradditorio,* RDP, Ano LIX, n.º 2, Cedam, 1999.

PINTO, RUI
– *A Questão de Mérito na Tutela Cautelar*, tese de doutoramento inédita, acessível no repositório da Universidade de Lisboa, http://194.117.1.196/R?RN=327935000.

PRÜTTING, HANS/DE FALCO, SANDRA
– *Código Procesal Civil Alemán*, Konrad Adenauer Stiftung, 2006.

RAUSCHER, THOMAS/PETER WAX/JOACHIM WENZEL
– *Münch-ZPO Kommentar*, 3.ª ed, Beck, 2008.

RAWLS, JOHN
– *A Theory of Justice,* Oxford University Press, 11.ª ed., 1991.

REGO, CARLOS LOPES DO
– *O Direito fundamental do acesso aos Tribunais e a reforma do Código de Processo Civil,* in *Estudos em homenagem a Cunha Rodrigues,* vol. 1, Coimbra Editora, 2001.
– *Comentários ao Código de Processo Civil,* vol. I, 2.ª ed., 2004.

REIS, JOSÉ ALBERTO DOS
– *Código de Processo Civil Anotado*, vol. I, 3.ª ed., Coimbra Editora, 1948.
– *A Figura do Processo Cautelar*, Separata do n.º 3 do BMJ, 1947.

ROSENBERG, LEO/SCHWAB, KARL HENIZ/GOTTWALD, PETER
- *Zivilprocessrecht*, Beck, 16.ª ed., 2004.

ROUARD, PIERRE
- *Traité Élémentaire de Droit Judiciaire Privé*, vol. I, Bruylant, 1979.

RUDY, HANS
- *Le Principe de L´égalité des Armes Dans La Procédure Civile Allemande*, in *Procédures et effectivité des droits*, Bruylant, 2003.

SILVA, GERMANO MARQUES DA
- *Curso de Processo Penal,* II, 3.ª ed., Verbo, 2002.

SILVA, PAULA COSTA E
- *Acto e Processo – O Dogma da Irrelevância da Vontade na Interpretação e nos Vícios do Acto Postulativo*, Coimbra Editora, 2003.

SOARES, FERNANDO LUSO
- *Processo Civil de Declaração*, Almedina, Coimbra, 1985.

SOUSA, MIGUEL TEIXEIRA DE
- *Introdução ao Processo Civil*, Lisboa, Lex, 2000.
- *Estudos Sobre o Novo Processo Civil,* 2.ª Ed., Lisboa, Lex, 2000.

SUBRIN, STEPHEN N./ MINOW, MARTHA L. / BRODIN, MARK S. /MAIN, THOMAS O.
- *Civil Procedure – Doctrine, Pratice and Context,* Aspen Law & Business, 2000.

TEPLITZKY, OTTO
- *Die "Schutzschrift" als vorbeugendes Verteidigungsmittel gegen einstweilige Verfügungen,* in NJW, 1980.

TROCKER, NICOLÓ
- *Il valore costituzionale del "giusto processo"*, in *Il nuovo articolo 111 della Costituzione e il giusto processo civile*, Quaderni di «Questione Giustiza», Franco Angeli, 2000.
- *Il nuovo articolo 111 della costituzione e il «giusto processo» in matéria civile: profili generale*, RTDP, Ano LVI, n.º 4.

VARELA, ANTUNES/BEZERRA, J. MIGUEL/NORA, SAMPAIO E
– *Manual de Processo Civil,* 2.ª Ed., Coimbra Editora, 1985.

VAZ, ALEXANDRE MÁRIO PESSOA
– *Direito Processual Civil,* 2.ª E., Almedina, 2002.

VESCOVI, ENRIQUE/ EDUARDO VAZ-FERREIRA
– *Les Garanties Fondamentales des Parties dans le Procédure Civile en Amérique Latine,* in *Fundamental Guarantees of The Parties In Civil Litigation – Studies in Comparative Law,* Giuffrè Editore, 1973.

WALTER, GERHARD
– *I Diritti Fondamentali nel Processo Civile Tedesco,* RDP, Ano LVI, n.º 3, 2001.

ZIPPELIUS, REINHOLD
– *Teoria Geral do Estado* (*Allgemeine Staatslhere*), trad. de KARIN PRAEFKE- -AIRES COUTINHO, sob a coordenação de J.J. GOMES CANOTILHO, Fundação Calouste Gulbenkian, 1997.